L'écoute

DU MÊME AUTEUR

Aux éditions Desclée de Brouwer

Vocation et liberté, 1963
La force de vivre, 1963 (rééd. Foi vivante)
Ceux qui perdent la foi, 1965
La peur ou la foi, 1968
Essai d'une critique de la foi, 1968
Le sens actuel du christianisme, 1969
Le point critique, 1970
Réalité sexuelle et morale chrétienne, 1971
Le déplacement de la religion, 1972
Foi et psychanalyse, 1973
Naissance de Dieu, 1974
Au Christ inconnu, 1976
La théorie du fou, 1977
Le Dieu pervers, 1979
Théologie express, 1980
L'Issue, 1984
L'épreuve, 1988

Aux éditions Mame

Construire un langage, 1968

Aux éditions Gallimard

Les survivants, 1974

Aux éditions Desclée

Le lieu du combat, 1976

Aux éditions du Seuil

La voie, 1982

Aux éditions Nouvelle Cité

L'immense, 1987

Aux éditions du Cerf

Octone, roman, 1987
Le Dieu pervers, nouvelle édition, 1987

Maurice Bellet

L'écoute

ēpi
DESCLÉE DE BROUWER

76 bis, rue des Saints-Pères, 75007 Paris
ISBN : 2-220-03076-8

A la mémoire
de Robert Gessain

« Je n'y comprenais rien.
J'étais tout oreilles »
Françoise Dolto

L'écoute : tout n'a-t-il pas été dit là-dessus ? Que peut-on encore en dire ?

Eh bien, peut-être, ce qu'est l'écoute elle-même. Car on parle de ce qu'elle entend, on théorise à partir de choses entendues, on définit les conditions de la bonne écoute, on l'organise.

Mais l'écoute elle-même, qu'est-ce que c'est ?

Cette question simple, comme bien des questions simples, devient vite vertigineuse. On peut juger imprudent de s'y risquer. Il est vrai qu'il y a péril : on pourrait prendre mes propos pour une sorte de description idéale, l'écoute angélique ! Quiconque en a un peu tâté saura bien que ce que j'en dis ne peut prendre sens que sur le long, le très long chemin où je ne suis moi-même qu'un commençant.

Qui ne l'est pas ?

Introduction

Il arrive que quelqu'un vienne à quelqu'un d'autre avec le désir d'être entendu.

Ce désir peut être confus, emmêlé, obscur à lui-même, travaillé, à contre-désir, de la peur. Mais, même à travers ces malheurs, il peut être puissant, vital.

Il arrive qu'il soit écouté.

Je vais tenter de dire cette écoute-là.

Il y a toutes sortes d'écoute : puisque l'être humain est un être de parole, l'écoute a même étendue que l'existence humaine. On peut être à l'écoute du chef qui commande, du maître qui enseigne, du témoin qui témoigne, du poète et de son chant. Il y a l'écoute amoureuse. Et l'écoute des choses. Et bien d'autres. Il y a des écoutes heureuses et d'autres mortifères, quand la parole qui se donne à entendre mène à la mort.

L'écoute dont je parle prend place parmi toutes celles-ci et communique avec elles ; il conviendra sans doute de s'en souvenir. Mais elle a ses traits spécifiques, elle définit une situation, une relation particulière. C'est semble-t-il, une relation dissymétrique : l'un demande et parle, l'autre se tait et écoute. Si je suis « l'écoutant », j'ai à entendre l'autre pour lui et non pour moi ou pour un tiers, que ce soit un objectif à atteindre, une cause à défendre, une tierce personne, etc. Tel je suis du moins si je réponds à son désir. Car s'il veut se faire entendre, c'est — sans doute — pour pouvoir enfin s'entendre lui-même.

Où trouvera-t-on une telle relation, un tel écoutant ? On songe, tout naturellement, à ce qui dans notre société instaure là compétences et fonctions : le domaine psy. Fondamentalement, la psychanalyse et les psychanalystes. La seule chose sérieuse à faire, après ces quelques mots d'introduction, serait donc de « parler psychanalyse ». Or nous allons prendre un chemin différent. Par mépris ou soupçon envers la psychanalyse ? Certainement pas. Il paraîtra même, je l'espère, que c'est exactement l'inverse.

Mais nous tenterons de prendre cette relation, l'écoute, en quelque sorte pour elle-même, et avant qu'elle ne soit comme identifiée à telle méthode, présupposée dans tel savoir ou telle pratique... Oui, c'est bien du côté de cette *écoute présupposée* que nous allons nous tourner... pour essayer d'en entendre quelque chose.

On pourrait l'indiquer, plaisamment, par la question : comment Freud, avant la psychanalyse, faisait-il pour écouter ? Comment a-t-il pu entendre pour la première fois ? Le texte freudien lui-même ne cesse de renvoyer à ce dont il naît : l'écoute de Freud. Et c'est à partir de là qu'il faut l'entendre, non à partir de son « contenu ». C'est dire qu'en un sens « la première fois » est toujours devant nous, comme ce lieu d'écoute neuve, primitive, pure, où celui qui veut écouter ne cesse d'aller.

On peut dire aussi que c'est, en la psychanalyse, ce qui la précède. Pas en un sens chronologique, évidemment. Mais comme ce qui, dans la théorie et la pratique, opère « avant » ce qui se constitue en théorie et s'institue en pratique. Le psychanalyste — le vrai — n'est pas quelqu'un qui a appris la théorie et la pratique analytiques pour acquérir ce poste, ce rôle d'analyste, où il pourra exercer sa compétence — limite caricaturale : appliquer la grille de lecture freudienne ! Il est celui qui d'abord ne cesse d'écouter « pour la première fois ». Et tout ce qu'il sait lui sert d'abord *à ne pas savoir* ce qui encombrerait cette écoute héroïque.

La psychanalyse part de l'écoute et non l'écoute de la psychanalyse. L'acte d'écouter ne réfère pas à la psychanalyse, c'est la psychanalyse qui s'y réfère.

Tout ce qui prend figure de savoir d'avance, même dans la dénégation, est réduction de l'écoute, l'écoute de celui qui vient pour être entendu. Il ne convient même pas de définir l'écoute par exemple (exemple aujourd'hui majeur) comme thérapeutique. Il n'est pas sûr que l'écoute doive d'abord se penser telle. Et, paradoxalement, c'est par cette liberté qu'en certains cas, au moins, elle a peut-être chance d'être... thérapeutique. Et il y a différence entre la thérapie réelle — le soin efficace — et ce qu'on peut appeler le support de la thérapie, ce qui s'en donne à reconnaître comme méthodes, fonctions, savoirs, etc.

Il peut donc être utile de remonter en quelque sorte en deçà du « langage psy », codé comme tel, vers ce qui habite la psychanalyse en son acte, comme travail de vérité ! C'est pourquoi nous ne parlerons pas ici le langage connu de la psychanalyse, même si nous en reconnaissons, pour ce qui va se dire, l'importance et l'autorité.

L'écoute, disons-nous.

Mais de quoi parler ? Où se mettre pour en parler ? Du côté de l'écoutant, semble-t-il.

Mais ce ne peut pas être l'écoutant séparé de l'écoute : il n'est écoutant qu'en elle. Impossible donc d'être du côté d'un « sujet » isolable et opposable. Du même coup, pas d'« objet », qui en serait justement le corrélat ; « l'écouté » n'est pas objet d'écoute. Ce qui est premier, c'est donc l'écoute elle-même, cette relation à la fois très particulière et prise dans l'immense réseau de l'échange dans la parole.

L'écoutant ne peut être tel que par son expérience de l'écoute : c'est-à-dire d'avoir été lui-même écouté et entendu, de s'écouter et s'entendre lui-même. Son écoute de celui qui vient à lui *tient* par les deux autres aspects. Et les trois aspects se retrouveront en l'écouté : car il est écouté, il peut ainsi s'entendre lui-même, il pourra — lui aussi, à sa mesure — entendre ceux qui viendront à lui.

La *conséquence est capitale* pour tout ce qui va suivre : ce qui pourra s'entendre de l'écoute ne désigne pas une place fixée et privilégiée ; sans cesse chacun est dans le triple rapport. La prétention *d'être* l'écoutant, de s'y tenir, de n'en être point délogé est le signe qu'on n'y est pas. Même si, dans telle relation de fait, c'est la place qu'il faut porter et maintenir, on ne s'y définit pas. Si par malheur on l'oubliait, tout ce que je vais dire basculerait hors de son sens.

Mais encore, parler de l'écoute, n'est-ce pas un artifice insoutenable ? N'est-on pas absent de cela même qu'on évoque ?

Question grave, à laquelle il faudra revenir ; elle suggère une sorte d'impasse menaçante du discours. Tout ce qu'on peut en dire ici, où il s'agit seulement d'écarter ce qui empêcherait d'avancer, c'est qu'il y a lieu de reconnaître cette blessure originelle de tout discours quant à l'écoute : d'être déjà en train de s'absenter de ce lieu où l'écoute se connaît d'écouter. Et la parole du discours ne peut éviter une dérive fatale qu'à aller vers l'écoute, pour écouter l'écoute même.

Telle est la limite fondamentale.

Mais il y a aussi *mes* limites, à moi qui écris. L'époque, la culture où je suis. Mon histoire personnelle, ma formation, ma « psychologie ». Mes diverses appartenances. Et mon expérience propre de l'écoute (d'être écouté, de m'écouter, d'écouter qui me parle : toujours les trois aspects, liés).

C'est spécialement cette expérience qui décide de ce qu'on peut dire ; mais pas de façon simpliste : après tout, il n'est pas impossible qu'on parle avec justesse de ce qui a manqué ou échoué, si on l'a perçu tel. Mais on ne peut rien dire de ce qui est simplement absent, sinon par retour à ce discours « extérieur » qui, si j'ose dire, ignore ce qu'il sait.

Certes, ces limites, vues de l'autre bord, désignent aussi les possibilités : la même formation, par exemple, permet d'aller jusque-là — et pas plus loin. Mais la limite signifie qu'il n'y a rien ici qui ressemble à un savoir neutre et universel. C'est toujours, irréparablement, *quelqu'un qui parle*.

En revanche, une fois la limite reconnue, et point oubliée, il me semble qu'il convient d'aller au bout, au bout de *ce qui vient* ; c'est-à-dire : de s'écouter soi-même, écoutant ! Aussi loin qu'on peut.

C'est avouer qu'on manquera de prudence, qu'on ira peut-être hors des chemins jugés convenables, qu'on ne pourra pas toujours assurer ses propos par l'exploration détaillée ou la référence qui fait autorité. Ce sera quelque chose d'un peu aventureux, voire sauvage, l'esquisse d'un mouvement, la trace d'un trajet. Car ce qui importe est d'*y aller*, à travers le labeur ambigu du discours, d'aller vers l'écoute si possible débarrassée, désencombrée, donnée enfin à quelqu'un, lorsqu'il vient à quelqu'un d'autre avec le désir d'être entendu.

I

Ecouter

1. L'oreille nue

Ecouter, c'est être là, l'oreille ouverte, et laisser dire ce qui se dit.

Mais qu'est-ce donc qu'être là ? Et de quelle oreille entend-on ? Et qu'est-ce que laisser dire ? Et qu'est-ce qui se dit ? Cette formule simple n'est pas du tout l'évidence. Et pourtant, il faut essayer de joindre ce qui en elle se dit d'absolument simple et premier. Car cette écoute nue est la relation nécessaire d'humanité, le ce-sans-quoi l'homme est pour l'homme le pur étranger, l'abîme d'absence. Mais il est vrai que c'est en même temps le plus rare et le plus difficile, le toujours-déjà-perdu.

On dit : l'écoute est l'écoute des mots, qui vont de bouche à oreille.

Il est vrai que c'est le mode le plus manifeste de l'écoute ; vrai aussi qu'on peut, au titre de la thérapie par exemple, l'y restreindre. Il est à souhaiter que ce soit consciemment. Car, de soi, l'écoute intéresse tout le corps ; c'est-à-dire tout l'être. En celui qui écoute, en celui qui est écouté. On peut écouter du regard, de la main. « L'œil écoute. » Et l'ouïe comme la vue sont déplacements du toucher, sens premier. Inversement, l'oreille du voyeur est captieuse.

On écoute les mots, mais d'abord la voix, première présence ; on écoute le visage, et tout le corps. Ainsi l'opposition n'est pas matérielle, entre des organes des sens ; mais entre laisser être et prendre. Et prendre c'est poser en spectacle ou manipuler ; ou l'un et l'autre ; deux attitudes si dominantes en l'activisme d'Occident que le laisser être y paraît faiblesse et passivité. C'est-à-dire qu'il est d'abord méconnu.

L'oreille, ici, dit le laisser-être ; l'œil et la main évoquent les modalités de la prise. Mais l'opposition est totale : ce sont deux manières du corps, c'est-à-dire de tout l'être homme, d'être à autrui et d'être au monde.

L'écoute est silence : ainsi est laissée, à la voix et à la parole de qui est là, toute la place.

Mais là encore l'opposition n'est pas matérielle. Car il y a divers silences : c'est-à-dire que le silence parle. Il peut dire la neutralité bienveillante (ou l'amour, ou le désir de vie), mais aussi l'absence, l'impatience, le mépris, la cruauté qui inflige son mutisme à l'attente de la parole nécessaire, le consentement douteux, la volonté de mettre à l'épreuve, et cætera et cætera.

Quand le silence ne dit absolument rien, il n'est pas du tout l'écoute pure, mais ce qui lui est le plus opposé : car, au lieu d'être l'espace ouvert, il est le mur, sans même la fissure de la haine, qui est encore relation.

La bonne écoute est, en son silence, parole : elle dit qu'il y a écoute. Et cela s'entend fort bien — dans le silence — pour qui a l'oreille qu'il faut, car il convient à celui qui veut se faire entendre d'avoir lui aussi assez d'oreille.

C'est pourquoi il peut même se faire qu'*écouter ce soit parler*, parler avec des mots ; parce qu'en certains cas, à certains moments, c'est par des mots que l'écoute se rend présente. S'imaginer que le fin du fin de l'écoute, c'est de ne quasi jamais rien dire, c'est une facilité suspecte. L'exigence thérapeutique peut alors cacher la peur ou l'impuissance de celui qui se prétend en place d'écouter.

Toutefois, dans l'écoute comme telle, la parole de celui qui écoute ne doit pas porter davantage que cette écoute même. Elle est seulement *offerte* pour que celui qui tente de se dire ait espace à le faire. Elle se tient au bord de la parole de l'autre, elle dit seulement que cette parole peut être, au plus elle suggère une voie, une interprétation, mais toujours au bord de ce qui se dit, jamais en survol ou en maîtrise.

Parole infiniment variable en quantité, style, contenu, et selon la relation effective, tel avec tel, en tel moment. Il se peut que l'écoute soit absolument silencieuse ; mais qu'en d'autres cas la seule façon d'écouter soit de parler avec une relative abondance, parce que, par exemple, c'est la seule façon disponible de montrer qu'on ne méprise pas.

Mais la parole en l'écoute est hors de position d'enseigner, prescrire, narrer ou chanter. Elle ne peut être savoir, méthode, récit ou poème — qui paraissent beaucoup plus. Toutefois, pour être vraiment plus, il faut que savoir, méthode, récit, poème *donnent davantage* que ce que donne l'écoute. Critère assez terrible, qui réduit à l'insignifiance tant de dits et de discours — jusqu'où ?

Si donc il y a opposition, elle n'est pas matérielle, entre se taire et parler. Elle est plutôt à quatre termes. D'un côté, le silence — mur ou gouffre — avec la parole vomissante ou dévorante — c'est-à-dire la cruauté (plus ou moins « aménagée » ou camouflée). De l'autre, le silence ouvrant l'espace de parole, de la liberté de dire, pour la clarté et la puissance, et la parole bonne à ouïr, car elle ne rompt pas mais nourrit le silence.

Enfin, là encore, il s'agit de tout l'être. La parole ne se réduit pas aux mots : c'est tout le corps, en tant que vivant, et homme vivant.

2. Ce qui est donné

L'espace premier d'être

Si je suis écouté, purement écouté, « j'ai tout l'espace pour moi, et pourtant il y a quelqu'un ».

M'est donné le lieu absolument sans danger ; en sorte que peut hurler tout le dangereux qui est en moi — sans danger. (L'écoute pure est sans peur.) Tout peut venir au jour. Je puis habiter la part de moi-même dont je craignais la folie — le chaos.

L'écoute pure, comme telle, va droit à l'être. En elle se fait ce don : le don d'être là, d'exister, de pouvoir être par la parole, qui est tout l'être se donnant à entendre. L'écoute est, pour qui la goûte, venue à l'être.

L'écoute donne à qui est écouté de pouvoir s'écouter lui-même.

Il n'y a plus en lui, au cœur, la parole étrangère qu'il n'entend pas mais qui pourtant lui commande. Et qui peut être en son corps, en les maladies de son corps, ou les images qui le hantent ou occupent ses nuits, en les comportements qu'il ne maîtrise pas : ou, tout aussi bien, dans son idéal, son savoir, sa volonté et tout ce qu'il met naïvement en avant, croyant que c'est lui-même.

La parole étrangère et oppressive met longtemps à mourir. Du moins, pour qui va jusqu'à se laisser écouter, déjà elle n'est plus toute-puissante, même s'il n'en sait encore rien.

S'il est donné à l'homme de s'écouter enfin lui-même, alors il lui devient possible d'entendre quelqu'un, qui vient à lui ou à qui il va, au lieu d'être clos dans la parole indéchiffrable qui le hantait.

Le non-jugement

L'écoute est sans jugement.

Elle l'est primordialement. Elle le demeure. Elle y aboutit.

Elle est sans jugement sur l'autre, de quelque ordre que ce soit : moral, médical, culturel, politique, religieux, etc. Oreille nue ! Rien ne précède l'écoute pure. Elle est sans catégories, sans classement, sans hiérarchie, sans comparaison — que ce soit à des normes, à des modèles, à tel autre.

Ecouter n'est pas accuser, certes : l'écoute met justement hors du *procès*. Mais ce n'est pas non plus excuser, permettre ou encore expliquer : toutes attitudes qui sont pouvoir sur l'autre et reviennent, insidieusement ou non, au jugement. Le non-jugement n'est pas « en faveur » de l'autre, par opposition à ce qui « condamne » ou « interdit ». Il est hors de ce jeu-là. Il peut aller jusqu'à ne rien savoir de celui ou celle qu'il écoute : ni sa profession, ni son milieu, ni son état, pas même son nom, pas même son visage — seulement sa parole telle qu'elle se donne à écouter.

Il n'y a donc, en ce qui se dit à l'écoute, rien d'absurde ou d'indécent, rien d'inepte ou de méprisable ; rien qu'il soit interdit de reconnaître en soi-même et laisser se dire. L'écoute pure peut entendre ce qui, pour celui qu'elle écoute, est en lui-même inaudible. En son silence, elle *dit* que cela aussi peut être entendu. Ainsi tout rentre en l'humanité, tout vaut, tout peut valoir, rien n'est perdu de ce qui fait l'homme. Le non-jugement, dans son abstention radicale, est donc aussi l'attitude la plus positive.

Et ainsi peut venir à donner fruit ce qui était stérile ou mortifère. Ce qui, réprimé et contraint, entretenait l'angoisse ; ou bien cette inertie ou atonie, qui en vérité était l'équilibre fou entre la violence et la contre-violence intimes. Mais, angoisse ou violence gelée, c'est nœud de forces. L'écoute peut donner d'entendre en soi-même l'inavouable, jusqu'à ce qu'il se dénoue et que soit libre la puissance non mesurable qui était serrée là.

Ou encore vient à son fruit ce qui, égaré, se perdait dans l'illusion. Car l'illusion peut être grosse de vérité, être la première figure, la trébuchante parole de ce qui, passant hors d'elle, montre sa justesse et sa force. Le chemin de l'écoute n'est pas de prétendre exterminer l'illusion : entreprise qui, trop souvent, la renforce ; ou bien, réussissant, détruit tout. Le chemin de l'écoute est plutôt d'entendre à plein l'illusion afin qu'elle devienne ce qu'elle est : ce qui porte l'homme à son passage et meurt en accouchant.

Même le délire mérite d'être écouté. Qui nous dit qu'il n'est pas délire pour nous, et parole ailleurs ? Ou bien qu'il n'est pas le chiffre, obscur à qui le dit, d'une parole encore inentendue ? Si j'entendais le délirant comme poète ou philosophe, peut-être le deviendrait-il ? Ce « peut-être » est une brèche irréparable en mes fausses assurances.

Le réprimé ; l'égaré — et l'écrasé, ou le sans langage. L'écoute est alors ce lieu où pourra parler ce qui est sans mots parce que la culture — les langages disponibles — ne lui donne absolument pas de quoi se dire. C'est le cas, sans doute, où spécialement l'écoute peut avoir à parler, à offrir l'espace de langage qui délivre de l'hébétude errante ou emmurée. Ecouter, c'est entendre la terrible absence, et donner de quoi vivre.

Misère du langage des pauvres de notre temps, c'est-à-dire des déracinés — quand ce qui faisait leur dignité a disparu. Misère de ceux qui viennent au moment critique où tout ce qui faisait leur demeure s'est effondré ; en sorte que, si riches soient-ils ailleurs de savoir ou savoir-faire, ils sont, en ce point décisif de leur passage, sans rien, sans même de quoi dire la détresse et l'absence.

Mais si l'autre ment ? S'il est si bien pris dans la fausseté qu'il est même incapable de séparer en lui sincérité et mensonge ?

Pour l'écoute pure, tout est vrai. Il ne peut y avoir de mensonge, car le mensonge même — venant à l'écoute — est une façon de dire une vérité.

Serait-ce naïveté ? Tout l'inverse. Car écouter la vérité du mensonge, c'est travailler à ôter la place où le mensonge peut s'enclore, hors de toute prise ; travail extrême, jamais accompli.

Serait-ce donc le règne du soupçon ? Non plus. C'est, au contraire, excès de bienveillance. « Puisqu'il ou puisqu'elle le dit, c'est vrai [1]. » Mais on ne sait encore où est cette vérité : en sorte que cette bienveillance est, en un sens, beaucoup plus dure à porter que le soupçon. Elle n'est pas, en face, l'adversaire qu'on pourrait combattre ; elle est en soi-même ouverture qu'on ne peut plus refermer. Si du moins celui qui est écouté entend l'écoute !

Serait-ce mollesse, peur de peiner, indulgence jusqu'à la complaisance ? Point du tout. Le non-jugement n'interdit pas de dire la parole dure quand il faut, car la parole dure a une fonction nécessaire. Mais elle ne peut justement tenir cette fonction que lorsqu'elle est hors du jugement, dit ou non dit. Sinon elle *fixe* celui à qui elle parle sur *cela même* qu'elle lui demande de quitter ! Comment reprocher à « un voleur » de voler ou « au méchant » sa méchanceté ? Ils suivent leur

1. Excès n'a ici aucune nuance péjorative.

nature ! Et comment espérer la « guérison » de l'obsessionnel ou du schizophrène, s'ils *sont* obsessionnel ou schizophrène ?

Le non-jugement, en vérité, est tout positif. Il anticipe, par-delà le constat immédiat, ce qui s'annonce obscurément dans la parole. Mais c'est sans contenu : il ne s'agit pas d'imaginer l'avenir d'autrui, de lui expliquer ce qu'il doit faire. L'anticipation est comme une foi nue ; une pure ouverture du pouvoir-vivre. Mais elle est si nécessaire qu'une foi illusionnée en autrui — pourvue qu'elle ne lui impose rien — est moins dangereuse que la méfiance.

D'être ainsi écouté, on peut s'aimer soi-même. Mais c'est aussi bien se quitter soi-même, abandonner l'ancienne image de soi et quitter tout — tout ce qui était construit par ce qui empêchait et la parole à l'autre et l'écoute en soi.

C'est la fin de la faute, la faute primordiale d'exister, qui corrompt tout tant qu'elle n'est pas défaite en sa racine. Cette faute-là est de n'être pas *reçu* en son être et donc de ne pouvoir ni recevoir ni donner. Elle est faute, parce qu'elle rend injustifiable et odieux d'être là. Elle est, du dedans, irréparable, puisque tout ce qui voudrait l'atténuer ou la guérir est acte et démarche, c'est-à-dire présence odieuse ou injustifiable de celui ou celle qui n'a pas à être là. On ne peut que s'enfoncer dedans : c'est sables mouvants.

Cette faute fait qu'on est sans cesse occupé de soi — puisqu'il faudrait d'abord avoir droit à naître ; et jamais soi, puisque tout entier en la faute sans pardon d'être là.

L'écoute *pure* est en elle-même la fin de cette faute : puisqu'elle donne absolument, sans préalable, justification ni mérite, droit et pouvoir d'être là, en entier et sans peur. Mais elle donne étrangement, car ce don est absolument sans pouvoir sur l'autre. C'est l'autre — celui qui se donne à entendre — qui fait tout.

La puissance d'écouter — en celui qui écoute — est en l'autre sa propre puissance : elle n'agit que comme puissance de l'autre. Paradoxalement, ce qu'elle donne est la non-dépendance envers cela même qui est donné. (C'est là le don essentiel.)

Est donc donnée — la liberté. La liberté radicale, sans laquelle toutes les autres sont d'avance compromises. Mais cette liberté est ici dans le rapport à quelqu'un : à celui qui écoute ; faute de quoi, le rapport à autrui, qui est toujours en l'homme nécessaire et premier, restera malheur. Alors, la liberté sera la revendication indéfinie du « moi » individuel ; et que cette revendication soit étendue à un groupe, un peuple, une classe n'en change pas fondamentalement la nature.

La liberté radicale ne naît pas dans l'inimitié. Même si elle est vécue dans le conflit, dans l'étrange haine, par exemple, qui peut se transférer sur l'écoutant, ce transfert lui-même n'est *possible* que justement par la liberté sans mesure que donne l'écoute.

La relation d'écoute est une relation qui échappe au rapport de forces tel que le pose le schéma de la guerre si prégnant en Occident.

Le rapport à la demande

Ce qui est en cause dans le désir d'être écouté, c'est, pour l'écoute pure, un désir absolument premier, sans lequel aucun autre désir n'est possible.

Dirons-nous : désir d'être ? C'est déjà le qualifier imprudemment, donner à « l'être » un privilège discutable. Le point essentiel est que ce désir est ce par quoi advient l'homme, l'humanité en l'homme, quels que soient ensuite le chemin qu'il prend ou le lieu où il demeure ; a fortiori les interprétations qu'il en donnera.

L'écrasement de ce désir est un malheur sans fond.

C'est pourquoi l'écoute pure et simple n'est pas seulement l'écoute des mots, du contenu verbal, en « ce qui se dit ». Elle est écoute, à travers les mots, d'une demande toute première, demande d'*être là* qui porte l'insaisissable désir. Ecouter, c'est *être à* ce désir ou cette demande.

Mais par un paradoxe décisif, c'est justement ainsi qu'elle peut être attentive aux mots, au contenu de « ce qui se dit », sans réduction ni traduction préalable. Car elle ne sait rien de « l'être là », ce n'est pas objet de savoir. Elle est donc libre pour entendre.

Toutefois, ce désir se montre en la demande d'être entendu, et celle-ci à son tour peut prendre des tons et des modes très divers, et qu'il faut respecter. C'est pourquoi il ne convient pas de la ramener d'office à une demande de thérapie. Car ce déplacement risque d'être très mal perçu : on est considéré comme un « malade », c'est-à-dire quelqu'un dont la parole est vaine, ou d'avance traduite ! Désastre. Cette réduction au thérapeutique est ainsi une faute, *du point de vue même* de la thérapie. C'est en effet, de la part du thérapeute, imposer sa loi, au lieu d'écouter ce qui lui est dit.

La recherche de l'autre, portée en sa demande, doit être *écoutée* en ce qu'elle dit. Ce peut être recherche philosophique, besoin de sagesse, voie spirituelle, quête de la réussite, appétit d'amour. Si c'est cela qui est dit, c'est cela qui doit être écouté : il ne faut point se lasser de le répéter. C'est du même coup, pour celui qui parle, liberté complète de son langage. Il parle la langue qui lui convient ; et qui peut être abstraite ou imagée, tournée vers le récit ou vers la théorie, cultivée ou sauvage, etc.

Le pire serait d'imposer le langage où, paraît-il, l'écoute trouverait sa « théorie », spécialement le langage psychologique ou psychanalytique. C'est une méprise absolue quant à l'écoute de croire que le langage dont on use pour *en* parler doit régir la parole à entendre *et l'oreille qui est tournée* vers cette parole.

La liberté de la demande est donc à deux degrés : au sein d'une démarche ou région définies ; quant à la région même.

L'écoute pure n'impose rien et n'exclut rien. Elle n'est pas définie par une discipline, un langage, une fonction. L'écoute ne présuppose rien, elle ne sait rien d'avance sur ce qui va venir se faire entendre. C'est seulement ainsi qu'elle peut donner à l'autre *de quoi avancer*. Car, pour avancer, il faut d'abord être où l'on est, absolument et sans crainte : c'est cela que doit donner l'écoute, et elle ne le peut qu'à accepter elle-même, initialement, tout lieu d'homme où commence la parole.

Faut-il répondre à la demande ? Faut-il, par l'abstention, inviter l'autre à son chemin propre ?

Questions ambiguës ! Aucune règle toute faite ne peut ici régir l'écoute. Car répondre peut être interrompre et anéantir ce qui se cherche, c'est-à-dire en vérité méconnaître la demande. Mais ne pas répondre peut être refuser d'entendre une demande dont la vérité veut qu'il y soit répondu. Et il y a mille ruses — chez qui croit écouter — de la méconnaissance.

Fondamentalement, l'écoute en un sens répond toujours à la demande — puisqu'elle l'écoute, sans réserves ni critiques. Mais, en un autre sens, elle n'y répond jamais, puisqu'elle ne donne au mieux que l'exigeante possibilité, à celui qui la présente, d'y répondre lui-même. Autrement dit : l'écoute déplace tout à fait le rapport question-réponse, avec tout ce qui, en lui, réfère insidieusement à la guerre, sous couleur d'aide ou d'éducation (répondre, ne pas répondre *peuvent être* deux figures du meurtre).

Cela vaut spécialement de la demande de vérité. Ce n'est pas l'écoutant, c'est celui qui vient à parole qui sait et saura sa vérité : la vérité de ce qu'il est et son rapport à toute vérité. C'est à lui d'interpréter ses propres paroles, c'est à lui de dire pour la première fois ce qu'il en est de la condition de l'homme (non pas, propos stupide, qu'il soit matériellement le premier ; mais, même s'il reprend une tradition, elle commence encore en lui).

Révolution absolue par rapport à l'idée reçue du savoir :

où c'est le maître qui sait [1]. Attention ! Il ne s'agit pas ici d'une méthode « non directive » — qui permet à l'élève de retrouver par lui-même la science. Ce n'est pas la maïeutique que pratiquait Socrate. Il eût fait beau voir que le jeune esclave du Ménon, qui retrouve « par lui-même » les éléments de la géométrie, se soit mis à découvrir la géométrie non-euclidienne ! Malgré toutes ses dénégations, Socrate en sait un bout. La maïeutique est une ruse, d'ailleurs estimable, de pédagogue intelligent. Ce qui est en cause ici est infiniment plus radical : l'écoute est attention à la vérité in-ouïe, inentendue, qui va naître en la parole qui vient. Si armée que soit l'écoute, tout ce qu'elle sait ne doit servir qu'à la purifier davantage.

Voilà qui annonce deux grandes questions : et si l'in-ouï troublait celui qui écoute ? Et si le fruit ultime de la science était le non-savoir ? Mais la vérité que dit l'écoute elle-même, c'est que toute vérité peut être dite sans être mortelle pour qui la dit, puisque quelqu'un écoute. Ainsi la vérité dite par l'écoute est la liberté de la vérité.

Le refus

Toutefois, par cela même qu'elle donne, l'écoute est refus.

Refus de quoi ? De ce qui tue la parole de l'autre. Mais ce meurtre est en l'autre. Il peut être ce qu'il imagine comme son « moi », son devoir, son bonheur…

Mais qu'est-ce qui décide de ce qui est ainsi meurtrier ? Dans l'écoute, l'écoute même. Elle signifie, par ce qu'elle donne, que doit mourir ce qui, en l'autre, est empêchement

1. Peut-être est-ce là le *décisif* de la révolution freudienne, plutôt que des contenus si bien ressassés qu'ils en viennent à encombrer toutes les oreilles. Dans la *Traumdeutung*, Freud pose en effet ce principe, subversion infinie : c'est le patient qui *interprète*, c'est lui qui peut savoir, et non quelque Maître de la clé des songes.

d'être : et qui ne vient, en ce lieu de l'écoute, que comme fuite, opacité, mutisme, labilité désertique, etc., c'est-à-dire refus. Le refus, en l'écoute, est refus du refus de ce qu'elle donne.

N'est-ce pas redoutable ? N'est-ce pas une pression plus dure que toute autre ? Il n'y a aucune pression : et qui veut s'écarter de ce lieu le peut aussitôt — on ne l'y retient pas. Ce qui, en revanche, paraît, c'est que l'écoute pure n'a *rien à voir* avec les facilités fréquentes de ce qui se nommera compréhension, accueil, ouverture, dialogue, etc., et qui reviennent à approuver, ou du moins permettre, enfin de quelque façon satisfaire la demande.

C'est pourquoi la naïveté de l'écoute n'est pas en deçà de tous les réseaux — éthiques, scientifiques, etc. — qui donnent le pouvoir de comprendre ; elle est au-delà, dans une *dureté* qui effraie tous les arrangeurs.

Ici peut se rencontrer le désir impossible ; il paraît dans la demande qu'on ne peut satisfaire sans tuer. Ce désir, c'est de vivre, aimer, être aimé, etc., sans renoncer à ce qui en empêche. Le grand insoluble ! Qui prend par exemple la forme du choix impossible : ou bien... ou bien... et de chaque côté, la destruction, la mort, l'impraticable. C'est-à-dire que le tout primitif désir, habitant le désir d'être là, est en même temps sa propre dénégation ; présence de la faute d'exister.

Ecouter ce désir-là, c'est lui signifier en un sens *sa mort*, puisque d'entrer en l'espace qu'ouvre l'écoute le défait. Il se soutenait de se détruire : cette déchirure nouée (si je puis dire) cesse d'être possible. Mais loin que ce soit consolation facile et rapide pour qui est ainsi écouté, c'est le commencement de sa plus grande épreuve, une naissance qui d'abord le terrifie.

Si pour l'écoute *tout est vrai*, c'est par l'ouverture du *travail de vérité*, qui met fin sans retour à la complaisance immobile. C'est pourquoi l'on peut dire *aussi* qu'elle se méfie même de la vérité. Son acuité rend possible que vienne au jour la différence jusque-là impalpable entre la vérité et la vérité, car le cœur du mensonge est de dire faussement la vérité. Or la vérité qui se dit en le lieu de l'écoute *se fait* comme vérité de la vérité même.

Mais de quelle vérité parle-t-on ? Y aurait-il ici quelque savoir d'avance, qui donnerait à l'écoute une assurance suspecte ? Point du tout. Car la vérité *de* la vérité n'est rien, hors de ce travail où elle se délie elle-même des vérités acquises, qui la dispensaient de l'héroïque mise au jour.

3. Qui peut écouter ?

L'écoute, c'est d'être près de quelqu'un d'autre et, en ce moment, écouter.

Ce n'est que d'y être. Pas d'individu, de fonction, de méthode « en soi » ; seulement l'acte, telle est l'écoute pure, et en quelque sorte ramenée à elle-même.

Sans rien

Que se passe-t-il en celui qui écoute ?

Il n'est pas une bûche ou un magnétophone, il est vivant. Si l'on dit « miroir », ce miroir a son étrange profondeur. Même ses silences parlent (fût-ce pour dire son intolérable absence).

Ne doit-il pas entendre, comprendre ? Ne lui faut-il pas intervenir, interpréter ? Voire : expliquer, enseigner ? S'il s'abstient, n'est-ce pas grâce à une compétence plus grande encore, qui lui donne la force et le droit de se taire là où d'autres — conseillers, éducateurs, soignants, amis — cèdent à l'irrésistible envie de parler ?

On cherche le maximum, la compréhension et l'intelligence

maximales qui permettent de « lire en l'autre », les connaissance pratiques et théoriques qui « arment » l'oreille, etc. Or, *en un sens*, c'est d'abord du côté du minimum qu'il faut aller, du côté du « rien ». L'écoute pure est l'effacement le plus grand, une sorte d'anéantissement qui *est*, pour la voix qui parle, son droit à l'inouï.

Sans savoir, d'abord sans savoir, car le savoir est déjà jugement.

Pour écouter, l'oreille doit être nue. Sans interprétation. L'écoute pure d'abord n'interprète pas. Elle est tout entière attentive à la parole qui se dit comme elle se dit. Sans traduction. Or interpréter, c'est déjà traduire. Sans système de références. Sans comprendre. A fortiori, sans soupçonner. (Ecouter, c'est être là, l'oreille ouverte, et laisser se dire ce qui se dit.)

Sans méthode, car méthode signifie : des procédures qui assurent qu'on écoutera bien. Rien de tel !

Il ne suffit donc pas du tout d'écarter le savoir et faire l'éloge du non-savoir, si c'est pour se fier à une technique, à des règles, etc. Ce savoir-ci risque même d'être plus pervers que l'autre, qui laissait à la relation un peu d'espace ; tandis qu'avec « la technique », « la méthode », on régit tout. Et il importe peu, bien sûr, que cette méthode soit non-directive, non-dialogale, effacement du sujet supposé savoir, etc. C'est le principe qui est en jeu.

L'écoute est au-delà des procédures ; l'écoute la plus pure peut habiter ce qui, au regard extérieur, fera figure d'enseignement traditionnel ou de bonne et brave « chaleur humaine ». C'est d'admettre ou ne pas admettre cela qui montre la liberté ou la dépendance envers la « méthode ».

Sans statut social.

La relation entre qui écoute et qui est écouté ne peut être définie d'avance. C'est le second qui « place » le premier, qui, par sa présence, sa démarche et son dire, lui *donne* d'écouter. Il n'y a donc pas de position ou fonction sociale qui soit celle de l'écoute pure. Et s'il y a, de fait, des fonctions qui semblent y référer, ces places privilégiées sont aussi les plus redoutables : on risque d'y confondre l'écoute avec le rôle qu'assigne la fonction. Identification mortelle. C'est au point que l'écoutant ne l'est purement que lorsqu'il ne sait pas qu'il l'est ; et si sa fonction l'incite à écouter, dans l'oubli de cette fonction ; du moins, dans la conscience vive qu'elle ne lui donne pas d'écouter.

Nous avons vu qu'on ne peut se fixer dans la place de l'écoutant. Il peut arriver que même en cette place, la parole qui se donne à entendre soit à entendre *pour* celui qui l'écoute. C'est même, en un sens, toujours vrai, dans la mesure où elle n'est jamais ce qui simplement se conforme au déjà connu et qu'ainsi elle enseigne celui qui l'entend, forme et nourrit son expérience. Mais ce peut aller beaucoup plus loin : car l'autre que j'écoute peut devenir pour moi « le thérapeute » qui me révèle à moi-même, voire « le maître » qui m'enseigne la voie juste ou « le prophète » qui m'annonce le décisif. Comment *saurai-je d'avance que c'est impossible,* sinon en me situant dans un savoir quasi divin ? Car Dieu seul sait ce qui est impossible ! Nous ne connaissons d'impossible que dans le champ clos d'expériences aux conditions strictement définies ; et précisément la relation d'écoute n'est rien de tel, puisque l'in-ouï ne cesse d'y surgir. Qui pourrait d'avance mesurer sa force ?

Propos scandaleux pour qui se situe en « thérapeute » : il ferait beau voir que la situation se retourne ! Mais même si, de fait, il convient d'assurer la thérapie contre les bouleversements incontrôlables, reste que réduire l'écoute pure à ce que la thérapie en assume est un a priori.

Je veux bien admettre que s'ouvrent ainsi des questions redoutables — mais si elles sont là, mieux vaut encore les poser.

Relation non définie d'avance : telle est l'écoute.

Sans vouloir et sans désir.

Qui écoute ne veut rien de l'autre, même pas « pour l'autre » et pour son bien. Il ne veut rien lui donner, c'est-à-dire qu'il n'a pas ce vouloir donner, qui n'est satisfait que lorsque le don est reçu et que les marques en sont montrées. Il n'attend pas la reconnaissance, pas même de savoir qu'il a bien fait. Ultime renoncement au savoir ! Car on voudrait tout de même savoir ce qu'on fait. Or il arrive, par exemple, que d'être écouté permet à celui qui haïssait sans pouvoir se le dire et qui s'en empoisonnait, de décharger cette haine sur qui se tient là, écoutant ; et, ce travail fait, il s'en va libre et mieux allant, tandis que l'écoutant ne sait rien d'autre que la haine qui s'est déversée, grâce à lui, contre lui. Et même s'il sait (tout de même) qu'elle ne le vise pas personnellement, il reste hors de connaissance de l'excellent fruit de son écoute.

Il faut ne même pas vouloir la guérison, ne même pas vouloir la vérité. A cet égard, vouloir être bon et faire du bien est suspect ; mais *pas plus* que de vouloir faire faire à l'autre la vérité, le pousser par « analyse » jusqu'à l'extrême lucidité qui serait la fin de l'illusion. Il y a même, dans le deuxième cas, un risque d'inhumanité particulièrement pervers.

De toute façon, c'est décider à la place de l'autre où il doit aller. Or l'écoute, d'elle-même, laisse seulement être le pouvoir d'aller. Mais on peut glisser, sans le voir, de cette extrême libéralité à l'insidieuse oppression.

Sans présence, enfin.

C'est-à-dire : qui écoute doit être là comme n'étant pas là. L'écoute est lui-même, entièrement, en cet espace qu'il ouvre sans réserve : et pourtant il s'efface jusqu'à l'absence, pour que tout l'espace soit donné à qui vient. C'est pourquoi l'on dit qu'il convient que l'écoutant ne dise rien sur lui-même, pas un mot ; qu'il laisse dans l'ombre nécessaire ses convictions, ses goûts, sa formation, ses auteurs préférés, son style d'existence, son éthique. N'évoquons pas, sinon pour mémoire, le fameux « moi, à votre place, je... » qui signe naïvement le manque total d'écoute, puisqu'on y prend la place de l'autre. Mais, s'il est facile de ne pas le dire, il est beaucoup plus difficile de ne pas le faire !

Il ne suffit pas de se tenir *manifestement* en retrait ; tout parle, de tout ce qu'on est : l'allure, l'habitat, le style et le langage, les mille façons dont le plus caché se montre, alors qu'on se croit à l'abri parce qu'on a caché le manifeste. Aussi la paradoxale absence de l'écoutant n'est jamais, elle non plus, acquise. Il arrive qu'elle coexiste avec un autre mode de relation (si risqué que ce soit) ; il arrive qu'elle manque, chez ceux qui s'en croient sûrs parce qu'ils en ont assuré l'extérieur.

La puissance de l'écoute

Cette abstinence, ce retrait, ce rien, c'est aussi bien la puissance de l'écoute ; et là même où on la désirait : connaissance, méthode, fonction, désir. Ce non-agir est agissant.

Qui écoute pour entendre ne sait rien — il sait pourtant écouter.

Mais cette connaissance-là est d'un autre ordre. Ce n'est pas un savoir sur ce qu'est l'autre, ni même une connaissance de soi telles que peuvent la donner introspection et réflexion ; encore moins un savoir en général, « la psychologie ». C'est une connaissance de l'écoute elle-même. Elle vient d'avoir pu dire, d'avoir été écouté et entendu, d'avoir entendu en soi, et d'avoir su entendre ce qui donnait d'écouter.

Ce n'est pas affaire de science ou de normalité, telles qu'on les entend généralement. Qui sait écouter peut porter en lui des failles et des obscurités ; il en porte toujours ; elles peuvent même être graves. Mais le point est qu'il ne s'imagine pas sans faille et sans ténèbre ; il n'a pas cet aveuglement de se croire hors du travail de vérité auquel son écoute invite.

Et c'est ce travail en lui — hors de prise, hors de maîtrise, et par là plus rigoureux que tout autre — qui est la connaissance nécessaire. Connaissance *en* l'écoute ; qui ne s'en sépare pas.

Cela n'empêche point de « comprendre » ou « d'interpréter ». Au contraire : c'est au principe de toute bonne compréhension ou interprétation. Ce qui se montre en ceci : que l'interprétation peut demeurer en suspens ; que, si elle est dite, elle est seulement offerte, proposée. Jamais elle n'est un savoir sur l'autre ; car c'est à l'autre de faire, pour lui et par lui, la vérité. (Quant aux problèmes ainsi posés à la théorie, nous y viendrons plus tard.)

L'écoute est sans méthode et sans règles, mais pourtant selon les règles fondamentales de l'écoute, qui se donnent en cela même qui précède. C'est :

laisser se dire ce qui se dit, ne rien en écarter

être présent entièrement, non pas seulement de tête ; en même temps, laisser tout l'espace

si l'on parle, se borner à proposer, et au plus proche de ce que dit l'autre

ne faire précéder son écoute de rien

s'abstenir de tout jugement, de tout ce qui définirait l'autre

laisser l'autre parler sa langue et se tenir d'abord en sa demande

refuser d'entrer dans le cercle de mensonge ou fausseté

oublier tout savoir

renoncer à tout pouvoir

ne se prévaloir d'aucune fonction

ne rien vouloir pour l'autre

et ainsi s'effacer entièrement.

Ces règles sont paradoxales par un double trait.

Elles sont fortement négatives. Pourtant elles *sont* la liberté même de parler et d'entendre ; elles *sont* le don effectif de cette liberté. Donc en leur fruit, qui les juge, toutes positives.

Elles sont comme du second degré, c'est-à-dire qu'on n'en

peut tirer aucune procédure, aucune technique. Elles démunissent plutôt qu'elles n'arment. Elles ne sont pas du tout, pour autant, sans rigueur. Et même, elles soutiennent ce que peut être la juste rigueur des procédures, des techniques où, éventuellement, l'écoute prendra appui.

Mais les règles — non celles qui instaurent l'écoute, mais celles qui l'organisent — n'assurent pas la justesse de l'écoute. Elles peuvent, si l'on s'y fixe mécaniquement, obscurcir. Et il arrive qu'on ait à aller contre les règles ; car les règles sont pour l'écoute, et non l'inverse.

L'écoute est sans statut, mais c'est *par là* que toute fonction où l'écoute trouve place peut se constituer sans devenir oppressive ou perverse.

On songe à la thérapie. Mais cela vaut de tout rôle et toute tâche où il y a rapport de l'homme avec l'homme, rapport humain (ainsi en éducation, en médecine du corps, en économie, en politique, etc.). Certes, l'écoute, si l'on peut dire, n'y est pas seule. Mais si elle manque totalement, on va irrésistiblement à la prétention de fabriquer et manipuler des hommes-choses. La définition du système totalitaire, c'est que l'écoute n'y existe pas. C'est un régime sourd.

S'il fallait donner une figure sociale à l'écoute, la meilleure serait sans doute du côté de cette pratique antique, perdue voire impossible en notre monde : l'hospitalité. Ecouter, c'est se faire l'hôte de l'hôte qui vient. L'hôte ne demande rien à celui qu'il reçoit, il n'a pas souci de l'enseigner, le conduire, lui faire avouer la vérité. Il parle ou se tait selon ce qui lui paraît le gré de l'autre. L'hospitalité est discrète. Elle se borne à donner au voyageur de quoi subsister en la halte nécessaire. L'écoute est l'hospitalité *intérieure*.

Ce n'est pas du tout autoriser n'importe quoi. Au contraire : c'est poser le premier principe de déontologie, chaque fois que l'écoute est en cause. De là peut se préciser, selon les situations et les rôles, la déontologie nécessaire.

Enfin nous avons dit : sans désir et même sans présence. Ce point mérite de plus amples éclaircissements.

4. L'étrange amour

L'écoute aime

Dans le sans-désir (de ceci ou cela pour l'autre) se tient un désir plus grand : que celui qui est là vienne en sa parole, originellement. C'est un amour immanent à l'écoute, non distinct d'elle, ni préalable ni ajouté. C'est l'écoute même. C'est entièrement en ce qu'elle donne, en ce que vit ou peut vivre celui qui est ainsi écouté. Cet amour engage totalement celui qui écoute, il engage son propre désir d'être, il est l'unité de ce désir et du désir que l'autre soit. Ce n'est pas affaire de tête, ou de décision. C'est bien en amont de ce qui sera « les idées » ou « la formation » (même si cet amont vient au terme d'un long travail en soi-même).

Et même la conscience de cet amour échappe. Celui qui écoute ne se sent pas, ne se sait pas aimer l'autre. Ce n'est pas plus affaire de sentiment que ce n'était affaire de volonté. Il peut arriver que le ressenti ne soit pas du tout affectueux, que l'écoutant éprouve des sentiments de haine, de répulsion, d'ennui ; et que pourtant cet amour soit là, efficace. L'amour « qui hait » peut être le lieu nécessaire à l'autre, pour que les haines et violences qui sont en lui puissent enfin éclater, se décharger, sans la culpabilité infranchissable d'être « méchant » envers quelqu'un de si « bon ». L'amour qui *est* l'écoute, la présence continuée de l'écoute, peut ainsi habiter ce que l'autre provoque, et lui donner la place où il peut se dé-placer.

D'où l'idée répandue qu'écouter est tout autre chose qu'aimer et doit même s'en séparer rigoureusement. Dans certains milieux où l'on fait profession de l'écoute, « amour » est devenu un mot obscène (tandis que le sexe ne l'est plus). Soit : on peut se passer du mot, s'il gêne. Il a tant servi ! Et l'écarter ou s'en méfier signifie alors qu'on prend distance d'avec le sentiment, les compassions et les sympathies, l'envie de « se mettre à la place de l'autre », s'émouvoir, fusionner, etc. ; et d'avec le si redoutable « devoir d'aimer », la volonté de faire du bien, d'aider, de conseiller, etc. La distance évoquée plus haut veut justement ces distances-là.

Toutefois si l'on écarte ou méconnaît *réellement* l'étrange amour (immanent à l'écoute), extrême danger. Passons sur l'ambiguïté qu'il y a à garder la distance, si c'est pour s'installer dans la supériorité de l'intouchable. Le plus grave est que, si l'amour manque, l'écoute est meurtrière. Et elle l'est à la mesure même de sa compétence, de sa lucidité, etc. Car elle est sourde à quelque chose qui parle en elle et qui est — muet ! C'est-à-dire que le lieu d'où l'on écoute sans amour est la mort. Alors l'écoute donne l'espace où naître à sa propre parole, mais cet espace est la mort même ; non celle qui fait partie de la vie, mais cette mort qui dénie la vie au principe. C'est au-delà du sadisme ou de relations analogues : ici, le don même est mortel.

Ce que l'autre donne

L'écoute serait-elle donc le pur désintéressement ? Sans jouissance ni puissance ? L'étrange amour serait-il à sens unique, sans réciprocité ?

Premièrement et rigoureusement, il est vrai que celui qui vient pour être écouté n'a rien à donner ; c'est-à-dire que rien ne lui est demandé qui soit pour celui qui l'écoute. Loin de nier cet aspect premier, la nécessité énoncée par les thérapeutes de faire payer leurs patients ne fait que paradoxalement le manifester. Car payer l'écoute, c'est l'avoir tout entière pour soi, pouvoir l'utiliser selon un « égoïsme » légitime et nécessaire. L'écoute est donnée à l'autre *pour lui*.

Il peut donc être ce qu'il est, sans devoir d'abord se modifier pour que l'écoutant soit satisfait. Il peut se montrer agressif, avide, indifférent, c'est-à-dire selon ce qui d'habitude se juge ainsi et qui peut, par le non-jugement, devenir autre. Non pas du tout par une moralisation ajoutée mais au contraire parce que de n'avoir rien à mériter permet d'être ce que l'on est où l'on est : condition primordiale pour avancer. L'écoute ne juge pas ; elle peut donc tout supporter. Elle ne demande rien à l'autre que justement d'en user.

Pourtant, n'arrive-t-il pas que celui ou celle qui est écouté donne son amour ?

Mais, tant que demeure la relation d'écoute, cet amour est encore, paradoxalement, *pour* celui ou celle qui aime ainsi. C'est, si l'on peut dire, un amour de transit, qui lui sert à être lui-même ou elle-même, à passer outre à ce qui, par là, l'empêchait de vivre ce qui voulait se vivre. Si l'écoutant prenait cet amour *pour lui*, ce serait une méprise dangereuse. Mais il n'a pas non plus à le rejeter : ce serait, à qui le lui offre, couper brutalement le chemin possible. Ni retenir, ni repousser : position délicate, sans doute, et qui légitime la distance où peut se tenir, fermement, l'écoutant.

L'écoute offre ainsi de pouvoir connaître, de la seule connaissance efficace, ce qui était emmuré ou détourné, puissance de vie empêchée ; mais dans une relation qui laisse l'autre totalement libre de ce qu'il en fera.

Est-ce toujours possible ? Toujours souhaitable ? La relation dissymétrique ne doit-elle pas aller vers sa fin, vers une réciprocité pleine et entière ? Question des plus redoutables. Elle ne se réduit pas du tout au passage éventuel d'une relation d'écoute à une relation amoureuse (affaire déjà évoquée par Freud) ; ou encore à quelque relation de collaboration ou d'amitié. Elle a une portée bien plus grande qu'on pourrait, de façon un peu provocante, indiquer ainsi : est-ce que l'écoute, quand elle est assez juste, n'introduit pas dans les relations humaines un bouleversement tel qu'elles en sont toutes transformées ? Est-ce que « l'étrange amour » n'est pas comme le premier signe d'un amour prodigieux qui déconcerterait tout ce que nous appelons ainsi ? Je devais reconnaître la question ; je ne pourrai l'aborder, si je le puis, que beaucoup plus loin.

Que reçoit donc l'écoutant, et pour lui ?

De l'argent, s'il est thérapeute en fonction ? Sans doute ; et, cette fois, parce qu'il en a besoin : il faut bien vivre. Mais l'écoute est sans prix. Les honoraires ne peuvent pas vraiment *la payer*. Que reçoit donc l'écoutant, qui soit « hors de prix » ?

Du fait même qu'il accepte d'être écouté, l'écouté donne sa confiance, sa foi à celui qui l'écoute, en ce lieu extrême et vital où il se tient. Il ne la donne point, lui non plus, comme un sentiment préalable ou ajouté, une volonté, etc. ; mais dans sa présence ; dans sa parole ; dans sa propre écoute. Car il écoute la parole qu'on lui dit et, en elle, il écoute l'écoute qu'on lui donne. Le don qu'il fait ainsi à l'écoutant est véritablement inestimable ; oui, c'est un don sans prix.

Mais redoutable aussi à sa manière, comme l'était « l'amour de transit » ; car l'écoutant peut y trouver à jouir de sa puissance, à se complaire en elle, à aimer, non plus celui ou celle qui est là, mais leur dépendance. Avec le risque de trouver, en face, complicité. Il convient donc à l'écoutant de recevoir ce don comme ce qui ne lui appartient pas.

Le recevoir, certes ; sinon il blesse ou tue ce qui, chez qui vient à lui, était l'amorce d'un pouvoir être. Mais sans le retenir : ce qui se trouve ainsi mis en cause, c'est le « moi » de l'écoutant, c'est-à-dire, très fortement, la perception qu'il a de ce que peut être dire « je » et se sentir exister.

Conclusion
de la première partie

Le soupçon

Ce qui vient de se dire de l'étrange amour peut paraître bien suspect. On craint quelque glissade vers le pire irrationnel, vers l'effusion aveugle. Au vrai, c'est de part en part que l'écoute, telle que décrite, inquiète. Ecoute pure ! Y a-t-il rien de plus dangereux que de prétendre se tenir là ? Pureté imaginaire couvrant n'importe quoi, la naïveté, l'incompétence, la perversion. Entraînant n'importe où.

Au mieux, c'est une fiction. Car tandis qu'on écoute l'autre, on est dans le flux des réactions à ce qu'on entend, des interprétations qui naissent ; on est d'avance dans toute la masse des paroles qu'on a pour soi-même entendues, intégrées, digérées ; on a l'oreille toute relative à la façon dont on a soi-même été écouté, etc. !

Impossible et nécessaire

Le soupçon est légitime contre toute prétention à l'écoute pure. Oui, si l'on *prétend* s'y tenir, c'est le plus dangereux des fantasmes, la proximité de la pire perversion. Car en un sens, elle manque toujours ; elle est impossible. Et pourtant elle est nécessaire, car si elle manque tout à fait, il n'y a plus de relation, plus de communication, plus d'humanité. La *non-écoute* est comme une négation de la présence humaine proche. Bien plus que mésentente : un abîme d'anéantissement.

Ce grand écart, de l'impossible et du nécessaire, suggère que l'écoute n'est que dans son mouvement, dans le travail qui se fait en elle pour sortir des pièges et des absences. L'écoute pure est, en sa pratique, une écoute qui *se purifie*.

Voici s'ouvrir quelques questions majeures.

Le cercle de l'illusion

Qui parle et qui écoute peuvent être pris ensemble dans le cercle magique. Cercle d'une complicité qui peut se dissimuler sous la rigueur, la distance, l'aide sans compromission, la thérapie, etc. Il suffit qu'entre-les-deux se tienne ce lien du parler-entendre qui donne à l'un et à l'autre de quoi rester en l'illusion qui est à chacun nécessaire. Car l'illusion est ce qui se construit du désir, jusqu'à organiser la vie possible. Sa destruction risque donc d'être ressentie comme mort, à moins que ne vienne, à temps, l'illusion autre, qui prend le relais. Quant à se prétendre hors de là et dans la lumière nue de la vérité... ! La pire illusion est de se croire sans illusion. L'écoute est alors un des jeux, et celui-ci majeur, où l'illusion, par son œuvre ludique, rend la vie supportable.

C'est ainsi qu'il y a deux échecs possibles de l'écoute : l'échec-échec, quand on entend mal, de travers, ou pas du tout ; la réussite-échec, quand on n'entend que *trop bien*. L'échec-échec se connaît lui-même, au moins confusément. « On sent bien que ça ne va pas. » La réussite-échec s'ignore superbement.

Elle n'a conscience que de son bien-entendre. N'est-elle pas compétente et armée ? Ne va-t-elle selon les règles ? N'obtient-elle pas les résultats convenables ? Car, ou bien l'autre entre dans le cercle, il correspond à ce qui est attendu de lui, il justifie son écoutant, il « guérit » par exemple ou, s'il ne guérit pas, s'il se traîne, s'enfonce, se meurt, c'est du moins par un progrès dans « l'analyse » qui est encore justifiant. Ou s'il n'apprécie pas, se cabre, s'oppose, s'en va, c'est évidemment par des « résistances » qu'il n'a pas su affronter. Je songe à cette définition du schizophrène, lancée par un médecin analyste qui, par son expérience et sa compétence, pouvait se la permettre : « Un schizophrène, c'est quand un de mes collègues n'y arrive pas ! » La réussite-échec, c'est l'écoute prétentieuse inconsciente de sa surdité. Quand elle se croit écoute de l'inconscient — en l'autre — le verrouillage est parfait.

Si donc il est sans doute impossible de sortir tout à fait de l'illusion, il faut du moins pouvoir ne pas s'y enfermer.

Comment sortir du cercle ? Ou : qui est le tiers qui défait l'illusion ? Il ne suffit pas de faire appel à quelque instance, si haute ou si critique qu'elle soit : Dieu, la raison, l'inconscient, etc., peuvent devenir la référence-verrou du cercle d'illusion. Sera-ce une « tierce personne », une tierce parole ? On songe alors à cette relation triangulaire qui met fin à la relation duelle et à son face à face fascinant, avec ses effets de miroir et de fusion.

Mais quelle sera le tiers de *l'écoute comme telle* ? Jusqu'où doit-il décentrer la relation, défaire ses mirages ? Quelle parole doit venir de lui, qui autorise l'écoute ? Ou bien est-il un pur silence ? Ou sera-t-il, encore, l'écoutant de l'écoutant ? Mais celui-ci aussi a sa limite, ses exclusions — comme le montrent, par exemple, ces étranges « généalogies » de thérapeutes, ou se répète le meilleur et le moins bon du « père de l'écoute ».

Et quel sera, là-dedans, le rôle de la théorie ?

Le mouvement de l'écoute

Ecouter, c'est dépasser, c'est défaire la mésentente.

Car il est vrai qu'en un sens la mésentente est première ; tous les malheurs de la relation en témoignent trop bien. L'écoute est d'emblée prise là-dedans. On la voudrait pure et elle est mélangée de toutes sortes de façons de malentendre. On écoute pour séduire, manipuler, asservir, utiliser, faire mourir — faire taire. (Ainsi, par exemple, l'écoute libertine des *Liaisons dangereuses*.) On n'a pas maîtrise directe là-dessus. Cela peut se glisser jusque dans l'écoute la mieux intentionnée et apparemment la mieux armée.

On ne peut espérer que la mésentente en vienne à simplement cesser. Il en est d'elle comme de l'illusion : l'on ne peut que travailler à plus de vérité. Faut-il rappeler la conséquence ? Ce qui va se dire de la *durée* de l'écoute (ce sera la région de « l'entendre ») vaut pour l'écoutant lui-même, de façon majeure.

A lui d'entendre en lui qui parle, de laisser mourir ou faire taire les voix qui empêchent sa propre voix, à lui de s'entendre lui-même, mais d'entendre aussi les paroles nécessaires, car on ne tire pas tout de soi, on ne recommence pas tout seul l'humanité.

A lui de trouver pour lui-même le bon écoutant, et d'y revenir autant de fois que nécessaire, sans jamais s'imaginer qu'il en a fini avec l'obscur en lui ; et toujours en renonçant *mieux* à faire de qui l'écoute le grand maître du grand savoir, celui qui dispenserait de se confronter, toujours à neuf et seul, avec l'urgence de faire en soi la vérité.

A lui de reconnaître l'égalité entre qui vient à lui et lui-même, et de vouloir que cette égalité se manifeste, de vouloir en un sens sa propre fin.

S'il en est ainsi, sans doute l'écoute pure est-elle déjà en lui — bien qu'elle ne cesse, à jamais, de manquer.

Et tant pis pour la logique ordinaire !

II
Entendre

Si entendre reste dans l'écoute, c'est seulement être à ce qui vient à se dire, selon le chemin que prend celui qui le dit, selon la langue qu'il parle, selon la place qu'il tient par sa parole.

Mais c'est dans l'épaisseur de la durée ; dans l'épaisseur, aussi, de ce qui permet à l'écoutant d'entendre : sa propre langue et tout ce qu'elle porte, sa culture, son expérience, tout ce qui lui est moyen d'entendre... et qui peut aussi se tourner en moyens de ne pas écouter. Allant par là, nous essaierons de ne pas quitter le lieu de l'écoute, de demeurer dans une constante attention intérieure à ceux qui, en ce lieu, parlent. Et tout ce que nous disons de l'entendre sera pour veiller à ce que l'écoute écoute.

1. Le langage

On parle en un langage.

On peut donc penser que tout ce qui sert à comprendre et analyser le langage est, pour entendre, un champ d'étude privilégié. Il n'est pas question de le contester. Pourtant, entendre selon l'écoute pure est d'abord tourné ailleurs et autrement. Car c'est être attentif à la parole, à ce qui se donne, en ce moment, à entendre par moi. Certes, c'est par un langage, et un langage commun ; toutefois, dans l'*acte* d'écouter, je ne suis pas premièrement tourné vers le langage comme tel, mais vers ce qui m'est dit.

Il en est un peu comme de l'enfant qui apprend à parler : c'est dans la parole qu'il fait cet apprentissage, pas dans la grammaire et la linguistique. Et c'est là, pour tout humain, ce qui est premier. Aussi bien, « le langage » est une abstraction tardive et non sans ambiguïté, *puisée dans* la richesse d'abord indissociée du parler.

La parole est durée. C'est absolument sa nature.

Entendre, c'est écouter dans la durée. Ça s'écoute comme ça vient, comme ça chante, son après son, silence après silence. Ça s'écoute comme de la musique. Aussi bien, l'écoute entend-elle d'abord la voix et non les choses dites ; et son lieu primitif est le chant plutôt que le discours — y compris le chant brisé, morcelé, atone, balbutiant de la parole s'essayant ; ou franchissant l'impraticable.

La durée de l'entendre n'est pas un temps abstrait et par là maîtrisable. Il n'y a pas de programme possible : ça dure ce que ça dure, par des chemins imprévisibles. La réalité de la parole se donne dans le *temps réel* où elle se dit ; hors de là, *on ne l'entend pas*. Les rythmes modernes, calculés, programmés, sont une contrainte mortelle pour l'écoute [1].

Il n'y a pas de « spectacle » possible : c'est-à-dire de résumé, de compte rendu, ou de ces « spectacles pour l'oreille » que sont les enregistrements au magnétophone. Même le film manque la présence. Il n'y a d'entendre selon l'écoute que dans la durée réelle de la présence réelle, ici et maintenant, *cette fois*, qui est unique. Impossible de répéter ou représenter.

Ce qui vient à se dire à mon écoute, j'ai à l'écouter comme d'une langue encore inconnue par moi : je ne sais pas.

Pas de limite au langage de l'autre ! (Y compris cet autre en moi qui me parle d'au-delà de ce que je connais de moi.) C'est-à-dire : aucun savoir du langage ne peut anticiper sur la possibilité de parole de ce qui vient à l'écoute. Etre comme le premier Européen qui entendit parler chinois ; ou qui a vu les hiéroglyphes. Tout son savoir tient en ceci : ce *doit être* langage humain. Se tenir à chaque fois comme si l'on avait à apprendre une langue nouvelle.

Toutefois, l'écoutant et l'écouté doivent bien avoir une langue commune, parler tout deux français par exemple... Même si l'écoute pure peut se tenir encore en deçà de cette

1. Paradoxalement, c'est pour cette raison qu'il pourra être nécessaire, en thérapie, de donner à l'écoute des horaires stricts. Car, du moins *en notre société*, ils évitent que la liberté absolue de la durée en l'écoute ne devienne le chaos de la relation.

communauté de langue, entendre le suppose assez. Mais il convient d'y laisser libre le choix du langage, de ce langage qui est précisément un choix dans la langue. Il y a bien des façons de parler *en* français. En vérité, la langue, pour l'écoute, est toujours singulière. Elle a sa grammaire, sa sémantique, ses références, allusions, citations. Elle est à écouter comme celle du poète ou du philosophe, unique à chaque fois. L'« intuition », par exemple, est chez Descartes cartésienne et chez Bergson bergsonienne. Les mots de Racine sont la banalité même du français, mais, chez Racine, raciniens. La langue, pour l'écoute, n'est pas séparable de la parole. C'est pourquoi il faut souverainement se méfier de tout ce qui prétendrait l'isoler, a fortiori la traduire.

La tentation existe, bien sûr, de n'être pas d'abord à ce qui se donne à entendre, mais d'abord à ce travail de traduction qui en produit ce qui peut passer en mon langage. Opération désastreuse ; d'autant plus qu'on ne la voit pas, sauf à se ramener soi-même, impitoyablement, à cette écoute où ce que j'entends est l'étrange et l'étranger.

En revanche, toute parole à entendre est au sein des paroles humaines. Qui parle a déjà entendu.

C'est un espace impossible à enclore comme on peut le faire du langage. Il n'est point neutre comme celui des géomètres, car c'est l'espace qualitatif, prodigieusement riche, de l'habiter humain. Demeure première de la parole. Parler ou entendre, c'est habiter là.

Habiter n'est point tenir à distance comme l'objet qu'on étudie ou manipule. C'est se tenir dans, avec respect. Une conception malencontreuse de « l'attitude scientifique » peut faire croire qu'au lieu d'habiter, il convient d'abord de réduire sous les instruments du savoir. Chemin du malentendu ! Envers celui qui vient ; et, avant lui, en lui, au-delà de lui, envers les paroles qu'il porte, tout ce qui fait humaine l'humanité.

Ainsi arrive-t-il que celui qui étudie avec zèle les sagesses et les mythes, paradoxalement n'y entend rien. La preuve : il ne change pas. Il publiera de savants livres ou suivra des cours savants sur ceux qui ont, par exemple, cherché et trouvé la paix de l'âme, mais il ne l'atteint pas du tout, il demeure en son propre trouble. Il n'est pas au lieu d'écoute qui laisserait, à ces sages, poètes, spirituels, *leur* parole.

Entendre celui qui parle, c'est aussi entendre, en lui et au-delà de lui, des voix inconnues.

Puisque la parole est de tout l'être et se donne par tout le corps, elle n'est pas seulement verbale, tenue dans le cercle des mots.

Peut-être y a-t-il, du corps, une parole perdue ; du côté par exemple du rite, du chant, d'antiques chemins oubliés — dont témoigne encore, à sa façon, ce que nous nommons art. Peut-être l'écoute doit-elle s'éveiller à ce qui, de l'autre, ne connaît plus, ou pas encore, le parler nécessaire. Et tout est à entendre comme d'abord j'entends le chant et sa musique, en sa durée telle qu'elle se donne.

Si je m'en tiens à écouter les mots, si je me concentre là, il faut du moins que je les entende comme témoins d'une parole qui les excède ; témoins de la chair ; et donc bien au-delà de ce que la considération des systèmes verbaux autorise. J'ai à entendre, *entre les mots*, ce qu'ils portent sans pourtant le tenir. Par-delà tout travail d'interprétation en moi, j'ai à entendre la parole comme parole, voix venant à l'être par-delà l'être même (c'est-à-dire par-delà tout ce que notre « ontologie » non dite décide d'avance).

Ainsi ai-je à entendre le silence ; les silences, si divers. Mais ils ne sont divers et lourds de sens qu'*à l'oreille*, l'oreille de l'écoute, ici et maintenant, dans le temps qu'ils durent.

Hors de là, c'est seulement absence de son !

Et — toujours le même mouvement — c'est justement par là que toute science du langage, toute technique d'interprétation peuvent prendre toute force *en l'écoute*.

Devant la naïveté de la quête immédiate du « sens », entendre peut aller vers l'exégèse, et une exégèse attentive aux raccords inaperçus, aux enchaînements inconscients, à la matérialité du langage. Il y a, chez Freud, en même temps que l'écoute flottante qu'il revendique, quelque chose d'une écoute rabbinique. (« Il faut traiter le rêve comme une écriture sainte. »)

Ce qui se donne à entendre est un texte à déchiffrer, lambeaux d'un récit perdu, traces d'une langue morte (et combien vive dès son réveil !) — un palimpseste, obscurcissement et surcharge. Entendre apparaît comme déchiffrer. Pas à partir du sens, voire même de la recherche du sens ; mais par les jeux du langage, par la mise au jour de tous les procédés de langue qui déplacent, condensent, transposent, inversent, effacent, etc. Poids des mots ! Compte ce qui se dit et non ce qui, paraît-il, veut se dire.

Ce travail a raison contre la mauvaise naïveté. Mais il ne faudrait pas en exagérer la nécessité, sous peine de faire de ces instruments un nouveau savoir, qui cesse d'écouter pour « analyser ». Freud encore disait que le travail essentiel se fait « d'inconscient à inconscient » ; de quoi désespérer toute prétention de le maîtriser.

Je risque cette pensée : l'écoute *fondamentale* ne dépend pas du travail de déchiffrement, de sa science et de sa technique ; comme s'il fallait d'abord en acquérir le maniement, ensuite l'écoute viendrait. Elle a une autre source et agit d'abord autrement. Le signe en est que le travail décisif — celui de « l'écouté » vers sa propre vérité — peut se faire sans que ni lui ni l'écoutant ne sachent comment.

Mais celui qui s'en autorise pour *prétendre* se passer d'apprendre mérite toutes les sévérités.

3

2. La classification

Si j'écoute pour entendre, que va-t-il arriver ? Il se peut... que je n'entende point ; ou mal ; ou avec de telles obscurités et distorsions que l'écoute est déconcertée.

Voilà qui suggère de répartir ceux qui viennent à mon oreille en plusieurs catégories, selon leurs possibilités de se faire entendre. Avec des conséquences pratiques ; dont la plus forte est, sans doute : qu'il n'y a rien à entendre de tel ou tel, en sorte qu'il n'est *pas à écouter*.

Comment va s'opérer la classification ?

La classification objective

La classification objective réfère ce qui se dit à un savoir déjà là qui autorise à classer celui qui parle, à lui assigner sa place dans un tableau qui le qualifie. La parole y fait donc figure de symptôme : elle est entendue, non pour ce qu'elle dit, mais pour la prise qu'elle offre à l'interprétation qui, correctement employée, permet de reconstituer l'ensemble. Elle ressemble à l'os de Cuvier.

Mais s'il arrive que la parole entendue renvoie à ce qui

n'existe pas sur le tableau ? Si aucune case n'y correspond ? Impossible, *fondamentalement* impossible ; entendons : il se peut qu'il y ait des modifications de détail à apporter, des expériences qui enrichissent le tableau, mais rien qui puisse l'ébranler comme tableau. Car ce serait ébranler le sujet corrélatif à cet objet, à la limite (et, dans ces affaires, la limite peut venir vite) ébranler la primitive assurance de la raison. Cela ne se peut.

Aussi y a-t-il la case de ce qui n'entre en aucune case : c'est celle de l'exclusion. Mais, comme le pur en dehors serait encore une présence insoutenable, l'exclu doit lui-même être compris, tout doit être nommé. A quoi correspond, dans la pratique, le passage de l'exclusion en son contraire : l'enfermement.

Caricature ? Je le concède ; encore que la réalité puisse y ressembler dangereusement. De toute façon, la caricature dit la tendance.

La classification objective peut prendre des contenus très divers, selon la diversité des critères choisis.

Ainsi existe-t-il des critères de moralité ou d'orthodoxie. Oreille du confesseur, ou de l'inquisiteur, qui met l'autre dans la case que sa propre parole désigne — y compris à son insu ! Le contenu peut changer ; le processus demeure puissant : il tient à la force même de « l'ordre établi », quel qu'il soit.

On trouve plus proche, moins odieux, le critère de « culture ». Il n'est pas plus tendre : il décide d'avance quelle parole mérite d'être entendue, et avec quelle autorité ; il renvoie le non-instruit au silence.

Critères médicaux, enfin (mais je ne prétends pas ma liste complète). Ils séparent le bien-portant du malade — premier clivage, capital. Ils permettent ensuite, quant au malade, placé dans l'espace du « pathologique », de poser le diagnostic qui commandera le traitement. Hors de là, confusion.

La classification médicale paraîtra, quand il s'agit d'entendre, la plus forte, la plus pertinente ; et justifiée d'être ordonnée à la santé, valeur incontestée.

Elle n'est pas sans problèmes, qui sont connus. La classification, ici, ne concerne pas directement « l'organique », elle touche le « psychique ». Elle est, de ce fait, beaucoup moins stable, moins assurée. Plus grave : qu'est-ce qui autorise à penser que le diagnostic définit le malade et que la maladie définit l'homme ? N'y a-t-il pas une fluidité de l'être humain, une complexité telle qu'il peut passer dans plusieurs catégories ? Pis : celui qui est ainsi défini par le diagnostic risque d'intégrer cette définition ; il devient, il est celui qu'on lui dit qu'il est. Et d'autant plus que son malheur est (en tous cas bien souvent) de n'avoir ni nom ni place assurés. *Quelque chose* lui est donné enfin, qui lui permet d'être et d'être reconnu : cette maladie qu'on lui donne. Ainsi peut-il y avoir enfermement dans le diagnostic. Et une fois enfermé là, l'homme ne peut qu'y demeurer. Le diagnostic est ainsi justifié. Bel effet de cercle !

Et il n'est pas sûr que la classification soit toute indépendante des autres critères, orthodoxie ou niveau de science ! On le sait assez par les effets de hiérarchie qui peuvent se produire, dans le domaine « psy ».

En haut, le maître avec la parole du maître, le grand discours magistral où tout s'autorise et qui est la référence obligée (voyez la place donnée, en certains lieux, à Freud ou à Lacan).

En dessous, les thérapeutes, c'est-à-dire ceux dont l'initiation a été menée assez loin — didactique ! — pour qu'ils puissent répandre la vérité. La hiérarchie *entre* les thérapeutes eux-mêmes peut être fort pointilleuse.

En dessous, les simples initiés.

En dessous, l'homme ordinaire, qui n'est pas capable d'aller par là mais peut à la rigueur s'en passer ; assez ignorant et aveugle, sans doute, mais socialement passable.

En dessous, l'homme aux prises avec l'invasion de l'obscur, l'incontrôlable, l'indéchiffrable — mais qui peut tenter, par l'écoute d'une oreille avertie, d'en sortir (et peut-être, un jour, grimper fort haut dans la hiérarchie).

En dessous, celui qui ne peut pas. Il faut l'abandonner à d'autres soins, chimiques spécialement. Il y a encore des degrés dans ces espèce d'enfer mais, de toute façon, c'est la région abandonnée.

Caricature encore ? Soit. Mais elle dit, à sa façon, ce qu'il faut toujours craindre : de *fixer*, au nom du déjà su, ce qu'il peut en être de cet homme ou cette femme qui vient pour se faire entendre.

On dira que si une classification « objective » est l'instrument qui aide les médecins à agir et à mieux supporter l'horrible détresse qu'ils ont à soigner, mieux vaut certes qu'ils en usent plutôt que de s'esquiver ou s'effondrer. N'a le droit de les juger que celui qui fait mieux : voilà qui limite les candidats. On dira aussi que la situation de l'écoute, où nous nous sommes mis, est déjà tout à fait privilégiée : « quelqu'un vient pour se faire entendre » — il a déjà fait le plus difficile ! Demeurent en deçà des misères bien pires, où ne se trouvent plus ni le goût ni le pouvoir ni les moyens de parler !

Tout cela est vrai, il faudrait être bien sot pour l'oublier. Pourtant le danger existe qu'au nom de ces réalités on en vienne à limiter arbitrairement, déplacer, détourner l'écoute. Qui m'assure, si je n'entends rien, qu'il n'y a rien à entendre ? Et pourquoi ne serait-ce pas parce que je suis incapable d'écouter jusque-là ? Tel qu'on disait définitivement irrécupérable, emmuré, fou a trouvé la bonne oreille — et il s'en sort ! Cela s'est vu !

Et l'on peut risquer ce postulat : que le désir d'être entendu est toujours là, absolument premier, en tout être humain. C'est, à y bien songer, un postulat plus sûr, en tout cas « scientifiquement » plus énergique que l'autre selon lequel, lorsqu'on n'entend rien, c'est qu'il n'y a rien à entendre.

La classification relationnelle

La classification selon l'écoute lui est entièrement relative. Elle demeure donc sans jugement sur l'autre. Comment est-ce possible ? Ce qu'elle classe, c'est seulement les modalités de l'entendre. Ce n'est pas le parlant ou l'écoutant pris à part, mais c'est l'entre-deux, c'est le rapport même, c'est l'entendre en son mouvement, ses obscurités, ses passages. Elle indique seulement des moments ou des possibilités de l'écoute, selon ce qui s'entend. Et même pas par un contenu de ce qui est entendu, mais par la *qualité* de l'entendre.

Pour l'écoutant, la « classification » est donc toute relative au travail de vérité qui s'opère en lui, puisque ce travail modifie sa capacité d'entendre. Ainsi n'est-elle pas figée et ne pèse-t-elle pas sur celui qu'il écoute.

C'est la fin du diagnostic et de tout ce qui relève des classifications objectives, quelles qu'elles soient. Fin *dans l'écoute*, dans le moment et l'acte d'écouter. Car la classification objective peut être utile ailleurs et en d'autres moments, et pour l'écoutant lui-même (pour le prévenir par exemple des dangers que représente telle « pathologie »). Mais, dans l'écoute comme telle, l'autre se situe selon ce qu'il donne à entendre, ici et maintenant.

On peut ainsi distinguer.

— ceux qui sont séparés de l'écoute par un mur apparemment infranchissable.

— ceux qui communiquent, mais pas par ce qui correspond vraiment à l'écoute ; c'est bavardage, par exemple, répétitions fixées, « langue de bois », absence en fait de la parole à la parole.

— ceux qui viennent à l'écoute, en traversant obscurités et résistances.

— ceux qui habitent pleinement, par leur présence et leur parole, l'espace qui s'ouvre en l'écoute.

Mais ces quatre possibilités sont relatives à l'écoutant, à sa capacité d'écoute. Pour éloigner définitivement toute

« objectivation », il convient donc de les reprendre, plus modestement, du lieu de l'écoutant.
C'est :
je n'entends rien
j'entends, mais comme hors d'écoute
j'entends ce qui vient à l'écoute
j'entends une parole pleine.

Je n'entends rien : expérience de la non-parole en l'autre.

Il y a bien un être humain qui est là, qui m'est proche ; qui s'est approché de moi pour — à certains signes — que je l'écoute ; ou qui, de quelque façon, même hors d'un désir manifeste, demande à être entendu (comme on dit d'un mal du corps qu'il demande à être soigné). Et pourtant, à mon écoute, il n'y a personne : puisque je n'entends rien.

Ce peut être silence, *ce* silence qui est l'abîme du muet. C'est une mort, ou plus fortement une non-vie de l'être humain comme parole ; un vide *là où* devrait se tenir le parlant. Silence de l'inhumain. J'écoute et — rien. La limite extrême est le doute sur l'être homme de qui est là ; comme il peut arriver à la rencontre de certains « monstres ». De toute façon, vertige de l'écoute, chute de l'absence.

Mais la non-parole peut se tenir aussi dans la parole elle-même. Il y a bien une voix, des gestes, des mots ; mais ça *ne dit rien*, il n'y a rien à entendre. Précisons : il ne s'agit pas ici de comprendre, mais bien d'entendre. Je puis ne pas comprendre, par exemple, les propos d'un expert ou d'un philosophe, mais sans cesser de percevoir qu'ils ont sens ; tandis qu'ici je perçois la mort de la parole en la parole. C'est par exemple un flux, une logorrhée qui, à mon oreille, est une fuite, une glissade, un éparpillement vide. Ou bien c'est proche du cri, c'est l'inarticulé là où s'attend le langage.

Dirons-nous : délire ? Mais il y a des délires qui se peuvent entendre. Et, si étonnant que ce soit, il y a du « sensé » qui peut étrangement, un jour, verser pour l'oreille écoutante du côté de la non-parole. Evitons de rien fixer.

Peut-être que *ça parle* ailleurs ? Dans le corps par exemple ? Des tourments indéchiffrables disent la douleur indicible. Peut-être convient-il de rappeler qu'écouter n'est pas seulement l'affaire de l'ouïe ; à *voir* certains êtres, l'écoute peut entendre quelque chose du malheur enfoui dans ce verbe obscur : la maladie. Mais ce verbe-là est en même temps un mode de la non-parole : il peut opposer à l'écoute son emmurement obstiné.

De toute façon si, écoutant, je n'entends rien, c'est épreuve. C'est la proximité de l'inhumain dans l'humain, du chaotique le plus redoutable. L'écoutant peut y réagir, sans même s'en apercevoir, avec toute la violence que met l'être humain à écarter cette menace-là. Il repousse, il éloigne de lui, il « objective » à fond ; il avoue sans le savoir son angoisse de ce qu'une parole humaine puisse venir *de là*.

J'entends, mais comme hors d'écoute. Ça parle, ça discourt, ça circule, ça se comprend, ça communique. Mais l'écoute — l'écoute pure — n'y est pas du tout nécessaire ; gênante plutôt.

Région de la parole vaine, insignifiante : bavardage qui court et se répand, hors de la réflexion, du jugement attentif, de l'engagement personnel… Ou encore : ressassement à l'infini de la même doléance, répétition inerte du même récit du malheur, le « disque rayé » — et tout ce déballage intarissable barre, inconsciemment, ce qui aurait à se dire…

Soit. Mais — pas si simple.

La parole hors d'écoute peut paraître, et à elle-même, très personnelle. Elle peut être « affirmation du sujet ». Elle peut être « profonde », toucher aux « grandes questions », disserter avec subtilité et compétence de ce qui intéresse la raison la plus critique.

Mais — elle ne *demande pas* l'écoute. Elle est toute prise d'avance dans le jeu des questions et des réponses, des exposés sur ceci ou cela, des controverses où il s'agit d'avoir raison, c'est-à-dire d'être approuvé et de vaincre. La parole est armée, brillante, maîtrisée ; mais elle n'a pas cette qualité de présence dont des paroles plus modestes, balbutiantes, peuvent témoigner.

C'est pourquoi — conséquence capitale — la parole hors d'écoute ne se différencie pas par son contenu. Ce peut être philosophie, psychologie, histoire, tout ce qu'on voudra. Ce peut être critique et soupçon ; analyse de l'inconscient ; interrogations toutes rationnelles. En vérité, tout y passe, tout y est ! Y compris ce qui dénonce la parole impersonnelle ou superficielle !

C'est donc bien autre chose, bien plus que la parole vaine. Parole forte, au contraire, et efficace ; du moins, qui peut l'être. Elle contrôle ce qu'elle dit ; par opposition à l'incontrôlable, indécent ou morbide. Elle « conduit par ordre ses pensées », comme voulait Descartes. Elle est actuelle, consciente d'elle-même, vérifiante, par opposition à tout ce qui traîne en nous d'archaïque et d'irrationnel.

« Ce qui se conçoit bien s'énonce clairement
Et les mots pour le dire arrivent aisément ! »

Et ce qui se donne à entendre est, veut être, un discours clair et cohérent.

Ne méconnaissons point les vertus de cette parole-là. Et pourtant, elle *peut* être, à l'oreille écoutante, prodigieuse absence, parole morte. Voilà qui paraît scandaleux et demande éclaircissement.

C'est une parole morte, quand elle parle à la place *où devrait advenir* la parole qui ne vient qu'à l'écoute. Autrement dit : légitime en sa fonction ; mortelle quand elle étouffe l'autre parole (restons-en, pour l'instant, à cette opposition encore simple). Signe : c'est alors une parole qui méconnaît le silence, qui — ne l'entend pas. Le silence y est insignifiance, angoisse, terreur. Elle emplit, remplit, bouche. Que le silence puisse dire lui est intolérable : il dirait ce qu'elle sert à ne pas entendre.

La parole hors d'écoute *fait taire* la parole qui voudrait venir à l'écoute.

D'abord par sa seule pression. Elle est là, elle occupe le terrain, elle remplit les vides — c'est sa fonction. Elle oppose son ordre et son efficacité à la pauvreté et la faiblesse de l'*autre* parole. Elle a tout le poids de ce grand ordre qu'elle représente, ordre des choses et du langage en même temps, hors duquel, semble-t-il, il n'y a rien, que l'égarement. Censure extrêmement puissante, parce qu'elle ne procède pas par interdit et répression. C'est tout positif, c'est le réel même.

Mais c'est, ce peut être le refus d'être écouté — puisque l'écoute ouvrirait on ne sait quel abîme. Au point que toutes ces constructions, si estimables pour elles-mêmes, peuvent avoir l'intention cachée de barrer la parole qui viendrait d'ailleurs pour ailleurs. Et l'écoute y est ressentie comme agression insupportable.

Où est donc la différence entre cette parole morte pour l'écoute et la parole que l'écoute entend ?

Insaisissable, totalement insaisissable du côté de la parole morte. Tout y est, ai-je dit. Y compris l'écoute fictive, qui n'entend que le déjà su, applique sa technique, ses procédés. Tout y est, même l'opposé, le langage qui se veut libre du rationnel, spontané, instinctif ; même le privilège de l'obscur. D'où la vanité de tout débat ou toute discussion pour lever le malentendu. La différence ne peut s'apercevoir que d'après ; quand, passé à la parole autre, on perçoit ces paroles d'avant comme hors de l'écoute et ainsi encloses sans remèdes dans l'absence : on y est « enfermé dehors ».

J'entends ce qui vient à l'écoute.

Il y a forte chance — ou est-ce inévitable ? — que la parole que j'entends alors paraisse plutôt comme une faiblesse ou une faille, par rapport à la parole qui se veut et se croit parole claire. C'est qu'elle parle là où c'était barré, confisqué, contraint ; et donc elle parle dans la fracture, l'écart, la chute. Elle paraît sortir de l'ordre, de la succession clairement établie, de l'espace bien réparti et cohérent.

C'est un grand laisser venir : se dit ce qui vient. Et l'écoute est en celui qui parle, à s'entendre dire ce qu'il dit. L'écoutant, l'autre écoutant, est là pour que cette écoute intérieure soit possible, ou plus aisée.

Région mouvante : étrangeté, cassures, trouble ; surprises et pressentiments ; l'incontrôlable vient aux lèvres, il passe dans les mots. Toutefois, pas à la façon dont il est quand rien ne vient à l'écoute ; et la différence est justement ceci : qu'il y a écoute, et dans et par celui qui parle. Il cesse d'être l'étranger à sa propre parole, alors même qu'elle lui est étrange.

La parole devenue nécessaire paraît faible dans l'ensemble tenu jusque-là. Mais elle peut être aussi excès ; non pas ce qui du dedans défait mais ce qui ouvre vers le dehors (un dehors qui est paradoxalement au plus intime).

Postulat, que seule peut justifier, ou non, l'expérience : la parole qui va à l'écoute dit toujours un excès, elle annonce un surcroît jusque-là méconnu. Ce qui fait effet de manque, dans le système ou l'espace antérieur, témoigne qu'on y manquait du manque. C'était plein, mais par répression ou expulsion — cachées — de ce qui commence, en ce lieu-là, par le trouble.

On dira : mais ce qui était avant — avant que naisse une parole pour l'écoute — n'était-il pas trouble, détresse, « névrose » ? Il se peut. J'ai choisi le cas le plus fort, où tout, à la conscience, pouvait paraître équilibre — avec juste quelques misères périphériques, momentanées, ce fameux « résidu » incompréhensible qui est, jusque dans les sciences physiques, indicatif de l'*autre ordre*, beaucoup plus vaste et jusque-là méconnu. Mais, en fait, même dans le cas de graves désordres conscients, l'état où l'on est fait *encore figure d'ordre établi* par rapport à ce qui commence en la parole pour l'écoute.

La parole traverse. Elle est le verbe de la traversée. C'est le verbe fait chair. Car la parole ainsi parlant fait le chemin, elle est le chemin même, qui se donne à entendre et entre ainsi dans la lumière. Ce n'est point parler là-dessus, parler sur les failles, les nœuds et les impasses, mais c'est parler dans la faille, dénouer dans la parole, percer le mur avec les mots — les mots et ce qu'ils portent, et que le regard sur le langage ne sait pas.

Mais puisque c'est traversée, c'est obscur. On n'y va pas du clair au clair, comme veut Descartes, mais de l'obscur au plus obscur. Non point pour fuir la vérité, lui préférer le sentiment, l'instinct, l'irrationnel, etc. C'est au contraire, par excellence, travail de vérité. C'est dans la traversée du plus obscur que commence l'autre lumière. Tout s'en trouve bouleversé. Ainsi le schème temporel : car l'archaïque n'est plus ce que la raison clarifiante laisse derrière soi, il est devant, comme ce que l'intelligence de l'écoute apprend peu à peu. Ou le schème de l'espace : il n'y a pas d'abord le grand espace infini homogène dont la géométrie donne concept, mais l'enclosement, l'enclôture, par où ce qui se veut clair se sépare de l'obscur et l'exclut, et qu'on va à défaire.

De l'obscur on va vers l'étrange clarté par le plus obscur. Ainsi, la connaissance est *après coup* : rythme capital. On passe avant de comprendre (si même comprendre demeure, au sens habituel). Le chemin se fait sans savoir. On n'y avance qu'à renoncer à contrôler d'avance ce qui vient : renoncement extrêmement dur à l'Occidental contemporain ! Il veut son programme : il n'y en a pas. Désordre ? Non point. Mais l'ordre de ce qui vient à la parole, mu par ce qui est hors de maîtrise. Cet ordre aussi ne se connaît qu'après coup : ce qui s'en montre paraît d'abord chaos.

Là-dedans, la parole va d'elle-même. Pas question d'y pousser qui que ce soit. Proposer même est ambigu : certains s'y adonneront comme à un exercice, ils « pratiqueront l'association libre », ils feront des efforts de tête pour faire défiler le bon langage — j'entends : le genre de choses qu'on doit dire en ce lieu-là. Mais ils n'y sont pas. Le pire est qu'ils croient y être et arrivent à en convaincre d'autres. Ainsi peut se mettre en place toute une science et technique de l'écoute qui est, tout entière, hors d'écoute.

Celui qui vraiment parle y va de lui-même et jusqu'où il peut. La bonne invitation à y aller, c'est d'écouter ce qu'il dit, c'est de l'entendre en son aventure, en respectant aussi strictement qu'on peut ce que veut l'écoute pure.

Cela va jusqu'où chacun peut et par le chemin qui est le sien. Celui qui parle a droit à tout ; c'est-à-dire à tous les modes de langage, à toutes les façons de s'exprimer, à tous les objets, thèmes, contenus. Il a même le droit de construire, développer, expliquer ! Au nom de quoi le lui *interdire* ? Mais le lieu a changé. En fait, sa parole est hors lieu, hors répartitions, étonnamment sauvage pour les terres cultivées du langage !

Ecouter cette parole qui naît à la parole, c'est écouter d'une autre oreille ; la troisième, disent certains.

J'entends une parole pleine.

Elle se prépare en la traversée, qui est comme sa genèse ; elle en est le fruit ; elle prend forme en l'après coup. Mais rien là de mécanique : l'après coup peut jaillir au vif de la traversée, être suivi d'un nouvel obscur. Il y a une parole pleine qui est annonce, qui ne sait pas sa force (l'écoutant peut la percevoir, s'y recueillir ; et ce recueillement silencieux donnera, à celui qui a dit, de quoi s'entendre).

La force de cette parole n'est rien moins que la présence de l'humanité en l'homme ; elle est naissance d'humanité. En elle, vient la puissance d'agir, jouir, communiquer, aimer ; la puissance même de penser, quand penser n'est plus rationaliser, disserter, exploiter mais retrouver l'attention primitive et sa chance de déchiffrer le monde.

L'écoute y devient en un sens inutile. Entendons : celui qui parle s'entend assez bien lui-même pour que l'oreille d'un autre ne soit pas nécessaire à sa survie — sa vie par-delà le point intenable où il parle. Voici l'égalité : la relation cesse d'être dissymétrique. Mieux, il se peut qu'il y ait comme un renversement : ce n'est plus l'écoute qui donne lieu à la parole, c'est la parole entendue qui donne l'écoute à elle-même.

L'éclatement de la classification relationnelle

La classification relationnelle paraît fruste et simpliste. En fait, elle est la base des classifications objectives, dès que la relation entre humains est en cause [1].

Car celles-ci reposent sur la façon dont l'autre peut, ou non, être entendu. Elles paraissent objectives parce qu'elles correspondent à la manière la plus commune, dans une société donnée, de pratiquer la classification relationnelle. Elles disent l'ordre où les humains se reconnaissent ; elles protègent de l'inouï. La substance de telles classifications, ce peut être, finalement, l'angoisse. Alors, l'homme instruit du « pathologique », c'est « celui qui a fait des études pour savoir que le fou, c'est l'autre ».

Mais, en retour, toute classification relationnelle a tendance à s'objectiver, ici, par exemple, à définir quatre catégories de gens, dont on précisera bientôt à quels signes ou symptômes on peut les diagnostiquer.

Ce péril cède si l'on aborde chaque moment selon l'écoute. Car on perçoit que chaque moment est susceptible d'un mouvement où tout se reprend, c'est ouvert de tous les côtés sur tous les possibles. Fin de l'ordre linéaire. Ça éclate. Il n'y a que des chemins qui se diversifient et s'entrecroisent. Point de « tableau » à « voir » : l'écoute déconcerte tout spectacle de ce genre, fût-il hautement conceptualisé. Et le progrès de la pensée immanente à l'écoute ne va pas vers le raffinement toujours plus poussé et fixé d'un tel tableau, en sorte que tout cas serait connu d'avance ; mais vers une libération toujours plus grande de la parole singulière, en sorte que le champ du possible s'accroît et que l'oreille est mieux préparée à entendre ce qu'elle ne sait pas.

Ainsi convient-il de reprendre la « classification » précé-

1. La mise en place de cette classification peut évidemment varier, différer de celle que j'ai proposée.

dente pour, dans ce qui apparemment va la disloquer, lui donner en fait plus de vérité.

Je n'entends rien. Et pourtant...

La parole peut être décalée. A l'oreille pressée, elle est hors de sens. Mieux entendue, elle peut se révéler proche de ce qui sera, chez les auteurs reconnus, philosophie, poésie, essai. Mais elle est séparée d'un statut si gratifiant par l'interférence d'une douleur immaîtrisée, indicible. Celui qui parle ainsi a à dire, et peut-être l'immense ; mais il n'en peut montrer que le malheur de sa parole qui risque de n'apparaître que comme débris et déchets, l'inaudible.

Peut-être se protège-t-il ainsi. Après tout, chez les « auteurs » reconnus, il y a aussi des processus de déplacements : le pseudonyme (cf. Kierkegaard), les divers modes de distanciation, comme l'humour et, tout bonnement, la fiction ! Si l'un des personnages de mon récit est un fou, le faire parler en fou est raisonnable. Je puis lui faire parler ma folie (voir là-dessus, par exemple, *Le Nevcu de Rameau*).

J'écouterai tout, autant que je puis.

Si je n'entends rien, c'est peut-être affaire de culture.

Cas simple, énorme : il ou elle parle une langue étrangère, que je ne connais pas. Mais le langage, comme on a vu, dépasse la langue au sens strict. Et la culture ici est bien plus que la culture : elle engage le monde et les premiers possibles. Un athée est « fou » dans le monde religieux archaïque ; pour un psychiatre soviétique (et un certain nombre ailleurs), c'est le croyant qui est « fou [1] ».

Le langage — au sens fort — juge d'avance. Qui ne parle pas ma langue, je ne le connais pas comme humain ! On va bien plus vite qu'on ne croit à cette limite terrible.

---

1. A une époque où j'ignorais tout de la Kabbale, j'ai rencontré un kabbaliste. Pour un peu, je le prenais pour un délirant.

Sans culture, sans mot pour dire. Cette misère existe, spécialement, dans les populations déracinées, broyées entre des cultures incompatibles ; ou dans le quart monde. Rien ne se dit (ou très peu, très mal) parce qu'il n'y a pas de dire possible. Mais le manque peut être, en quelque sorte, localisé. Des gens cultivés, diserts, se trouvent hors langage quand il s'agit de « certaines choses » ; c'est zone morte, absence.

Et ce peut être — par excès : ce qui veut se dire ne trouve pas à se dire dans les langages disponibles. Expérience bien connue de tous les créateurs : le neuf doit s'inscrire dans l'ancien, non sans risques. Mais on peut, pour diverses raisons, ne pas réussir l'inscription. Alors, la présence ou langage de la parole qui se cherche est seulement le trouble — et souvent, après déception, le silence.

Ces diverses formes du malheur du langage ont effet de solitude. Spécialement la dernière : le silence n'est même pas entendu. Voilà quelqu'un qui paraît à peu près « normal » et adapté ; mais avec une part essentielle de lui-même, décisive, qui ne peut se dire à personne — et, finalement, même pas à lui-même. Cet incommunicable, c'est la « folie » en lui. Il arrive qu'elle disloque la façade courageusement tenue.

Ce qui n'a pas pu, pas encore, venir à se dire, fait effet de terrible silence, désert intérieur. La non-écoute de quelqu'un d'autre est alors, pour qui en est là, la séparation d'avec lui-même.

Rien à entendre, ce peut être l'effet d'un barrage, qui tient à la place ou fonction de celui qui écoute. Par exemple, quand il « porte deux casquettes » : celle d'écoutant — éventuellement professionnel — et celle de maître ou supérieur, à quelque titre que ce soit. La difficulté dépasse celle, réelle et banale, d'interférence entre les deux rôles ; elle est, plus au fond, en ceci : celui qui écoute parle, il parle d'*avance* du simple fait qu'il tient cette fonction d'autorité qui est la sienne. Et du coup, on ne peut lui dire que ce qui entre dans son jeu, que ce qui le confirme en ce qu'il est. D'où la difficulté d'être thérapeute par l'écoute et aussi autre chose ; d'où l'espèce de retrait, d'« anonymat social » si fortement réclamé par les psychanalystes.

Malheureusement, la syllabe « psy » fait aussi tomber cet anonymat ; ô combien ! Psychiatre, psychanalyste, psychologue (quelles que soient les différences, et l'on sait qu'elles sont grandes) cela *peut* signifier, à qui vient, qu'il « n'est pas normal », qu'il est « malade mental » ou « fou » ; et c'est précisément cette mise en cage qu'il ne peut pas supporter — voilà de quoi le réduire au silence.

Rien à entendre, ce peut être l'effet de la réduction de la parole, par l'écoutant, à un mode du langage, spécialement le langage verbal. Il n'entend pas le geste, le visage, la parole du corps. Il lui faut les mots, rien que les mots.

Peut-être, s'il est thérapeute, impose-t-il ainsi à son patient une discipline féconde [1]. Mais ce bon motif peut aussi dissimuler la peur, la peur de la *chair*, de tout ce qui, d'elle, déconcerte bien plus durement que tout mot la prétention soutenue de notre « conscience » à maîtriser et savoir. Les mots, ça reste *dans la tête*. La chair est un ailleurs ingouvernable.

Plus largement : rien à entendre, parce que celui qui croit écouter refuse ce qui viendrait à son oreille s'il écoutait vraiment.

Ce n'est pas un refus par circonstances, écart de culture, etc. ; c'est un refus radical, et, ici, ignoré de celui même qui refuse. Du coup, le refus *se pose en savoir* de ce qui est à entendre. Il se donne comme science, compétence, soin... Jusqu'à ceci : je n'entends rien, parce que m'est dite la vérité. Pas la vérité « en soi », c'est-à-dire la prétention à un savoir sur la vérité ; mais ce qui fait en moi effet de vérité, ce qui me travaille dans la vérité — ce qui va au nœud le plus obscur où je ne m'entends pas. Je suis sourd à ce que j'ai rendu

1. C'est la ligne freudienne, accentuée, renforcée à l'extrême par Lacan.

muet en moi et que réveillerait en moi la parole de l'autre. Il faut donc que cela soit silence vide, déchet, bruit, misère de l'homme hors humanité.

Et le point est que quiconque veut écouter doit être et demeurer prêt à découvrir en lui ce mur de refus. Quelle que soit son expérience, qu'il ne se fasse pas trop confiance à lui-même là-dessus !

Mais il se peut que le refus d'entendre ait un motif très puissant : quand ce qui se donne à entendre est — la mort.

La parole de l'autre, ou son silence, peuvent être meurtriers, et fondamentalement ; dans la mesure où cet autre ne peut dire, à l'écoute, qu'un vœu de mort, parce que c'est la seule façon qu'il a de communiquer, parce que la seule façon qu'il a d'aimer est de vouloir la mort de l'autre, en sa mort propre.

On conçoit que l'écoutant y résiste. Et le moyen le plus immédiat, c'est le meurtre de cette parole meurtrière. Qu'elle se taise, qu'elle soit renvoyée au néant — il n'y a rien à entendre ! Et c'est cela qu'à son tour il donne à entendre, par son silence ou sa parole. Ainsi remet-il le meurtrier « à sa place » — dans la mort.

Insistons : la mort en cause n'est pas celle qui viendrait de l'agression ; elle vient, terriblement, du vide. Si c'est une agression, c'est d'un autre degré : pas comme conflit dans le lieu humain, le champ clos de la guerre, mais comme aspiration dans l'en-dehors, dans la pure absence de l'inhumain.

Ecouter là — qu'est-ce donc ? Certes pas accepter ce vide de non-vie, y glisser. Mais c'est entendre ce qui là même n'est pas entièrement pris dans la non-vie. Ou encore : entendre « le chaos » *comme* ce qui précède la genèse, comme passage « au principe de toutes choses ». Si l'écoutant a trop peur du vide, sa peur (si bien cachée qu'il la croit) dit que le chaos est chaos, sans espoir. Mais entendre la genèse comme telle est sans doute le plus difficile et le plus hardi de l'écoute.

C'est en même temps reconnaître à l'autre « le droit »

d'être dans la détresse absolue ; faute de quoi — comment en sortirait-il ? Car — redisons notre loi première — un homme ne peut bouger d'où il est que si d'abord il s'accepte d'être là où il est.

En vérité, cette écoute doit demeurer présente chez l'écoutant, même s'il n'a pas, en quelque sorte, à l'exercer sans cesse. Car c'est elle qui ouvre avant tout, avant même la région « thérapeutique », l'espace premier de l'homme — où rien ne le définit d'avance, où commence en lui la naissance de l'humanité. C'est ce qui met l'écoutant hors de toute fonction, avant toute interprétation ; c'est le moment où l'entendre s'identifie à l'écoute pure, c'est l'anticipation totale de la parole de l'autre, non en ceci ou cela, mais comme parole et présence humaine. Il est bon que ce moment demeure immanent à tous les autres, même si ce n'est pas de façon consciente, encore moins réfléchie. Mais il peut advenir que son urgence apparaisse.

J'entends, mais hors d'écoute

Ecouter, c'est alors signifier sa mort à la parole morte. Soit par le silence ; soit, s'il le faut et si c'est possible, par une parole qui invite, de quelque façon, à l'ailleurs.

Cas limite : quand écouter, c'est faire taire ! Faire taire la fausse parole qui ressasse, disserte, divague à l'infini et empêche ainsi « la vraie » de venir au monde.

Si donc on « n'entend pas », c'est « au nom de l'écoute ». Mais qu'est-ce qui prouve que c'est vrai ? Ce que l'écoutant écarte ainsi, qui sait si ce ne peut pas être, pour une autre oreille, parole forte ? Pour une oreille plus avisée, ou seulement différente ?

L'écoutant n'entend pas parce que, peut-être, la parole parlante est pour lui dans un autre langage, pour y dire autre chose. Ce qu'il entend, le refusant, lui paraît doctrinaire, superstitieux, etc., ou au contraire peu consistant, trop affectif, etc ; ou « intellectuel », sans intérêt. Et cætera. Mais que fait-il, sinon imposer ses propres préjugés, ses *idées sur* les doctrines et les croyances, la science et l'idéologie, etc. ? Et qu'y a-t-il dans ou derrière ces préjugés ? Sans doute ce qui lui paraît si manifeste dans la parole inécoutable, la construction protectrice, le grand bâti illusoire où l'on habite par crainte du froid en soi-même — car, pour qui s'y tient, n'est-ce pas le réel même et le critère de la vérité ?

Il faut que demeure le non-jugement. La très paradoxale « surdité » de l'écoute n'est alors que le moyen *offert* à une parole qui se cherche, l'anticipation risquée, dans l'attente que ça vienne au jour. Mais ce ne peut être la condamnation (quel qu'en soit le style) de ce qui est dit. D'autant que ce qui est dit, même dans l'illusion et la relative absence peut, à sa façon, parler.

Car ce qui se donne à entendre ne se dit pas par hasard. Ça a rapport, peut-être, à un désir, très grand désir de venir en vérité à la parole. Mais c'est de biais, par ce qui y résiste, par ce qui protège du risque de l'écoute — par explications, constructions, justifications, rationalisations. Et pourtant ce désir est là. Il se dit dans ce qui ne le dit pas et le cache ! Il se dit « à faux ». Dans des discours — philosophiques, religieux, techniques... ou psychologiques. Dans un récit dissertant de ce qu'on a « vécu », le déballage infini des peines et des espoirs. Rien à vraiment entendre ; sauf justement ça : que cette parole vaine dit le désir indicible d'être enfin écouté, c'est-à-dire de pouvoir naître.

Alors, l'écoute qui refuse l'inécoutable doit coïncider avec l'écoute de ce-qui-se-dit-là-sans-pouvoir-se-dire. Ambiguïté insurmontable, pour qui veut la cohérence « à plat », la trop immédiate identité. L'écoute accueille et écarte d'un même mouvement. Elle est attentive et distraite. Elle donne à entendre, à qui parle en sa contradiction, sa contradiction même. Elle est miroir de la parole vaine, *qui pourtant parle*. Il se peut même que la parole apparemment fuyante et absente dise à sa manière, décalée, obscure, quelque chose d'un travail réel qui souterrainement s'accomplit.

On disserte sur l'histoire de la philosophie ; commence à s'y dire qu'on accepte de perdre la situation qu'on imaginait être celle du philosophe, la transparence toute-puissante de la conscience à elle-même.

On discute religion, croyance et incroyance, malheurs de l'Eglise, perversion du christianisme ; ou bien, et peut-être en même temps, grand désir de croire, de prier. Dans ces « questions religieuses », se cherche le lieu premier du pouvoir-être ; ainsi que le déchiffrement des malheurs originels.

On parle psychologie. On explique son cas, on disserte sur soi. On montre qu'on sait. Rien de plus accablant pour l'oreille qui souhaite écouter ; pas de barrage plus massif. Et pourtant, à travers cette fausse approche, on « tâte le terrain », on essaie un premier langage — en porte à faux — qui familiarise un peu avec ce qui est en cause.

Ce sont là des *possibilités*. Mais il ne faut pas systématiquement les écarter, par purisme de l'écoute. Car c'est, pour celui qui ainsi parle, la parole qu'il peut actuellement dire. Et la loi des lois de l'écoute, c'est d'entendre chacun en sa parole actuelle, autant qu'il est possible, sans prétendre lui imposer un autre parler, c'est-à-dire sans lui refuser d'être où il en est.

C'est pourquoi il ne convient pas d'être systématiquement attentif à ce qui se tiendrait « dessous » ou « derrière » le discours ressenti comme in-écoutable (ou encore « dans les marges », « dans l'occulté »). Bien sûr, la faille du discours — le lapsus, par exemple ou, plus généralement, l'incontrôlé, le disproportionné — peut être l'émergence du caché. Mais le caché peut paradoxalement se dire *aussi* dans le manifeste — et le fond dans la surface !

Le plus prudent est donc d'écouter tout sans faire de choix. Le choix se fait dans l'écoute même : c'est tout autre chose. N'écouter que les failles, lapsus, etc, c'est une écoute agressive ; c'est être d'abord, pour celui qui parle, le refus de ce qu'il donne à entendre ; ce n'est pas le bon chemin. L'écoute n'est pas soupçon.

Il arrive encore que le plus manifeste soit le plus caché. Car quelle meilleure façon de dissimuler quelque chose que de le mettre en évidence ? C'est déjà l'histoire de « la lettre volée » — narrée par Poe, commentée par Lacan !

Dire est une façon radicale de non-dire. Entendons : dire « à faux » rend impossible de réellement dire, puisque... c'est dit. Le faux par excellence, le faux absolu, c'est le vrai, quand il est dit faussement. Alors la parole qui paraissait insignifiante parce que justement elle disait « à faux », *signifie* ce mensonge. Ce n'est pas rien.

Autre chose. Dans la mesure où elle répète « ce qu'on dit », où elle fait écho à la banalité ambiante, la parole vaine *dit un monde*, elle est la description non calculée d'un habitat.

Elle peut même être, au-dedans, la description d'un monde propre : du groupe, de la famille, de l'individu. Ce qu'elle dit alors, c'est les marques, qui font qu'il y a un espace vivable. Ces marques peuvent paraître bien illusoires et factices. N'empêche, elles correspondent à une fonction capitale, primitive : celle de faire que le monde soit *parlant*, qu'il n'y ait pas hiatus entre un univers tout opaque (même pas univers : chaos) et le lieu humain possible, où l'on parle. Cette « fonction »-là, il convient de l'entendre, d'en entendre le désir, et l'angoisse de sa perte. O combien ! Car, pour l'être humain, c'est premier. Hors de là, il est perdu, au sens le plus fort. Même si le contenu est dérisoire, s'il se réduit à la répétition du tout-fait collectif, etc., il dit une urgence puissante entre toutes.

C'est pourquoi rien n'est plus imprudent ni plus opposé à l'écoute que de vouloir défaire, détruire ce qui sert à un être humain à ce qu'il y ait un monde pour lui. Il convient même de ne pas appuyer sans discernement là où ça fléchit, là où peut apparaître la faille. Car ce qui risque de venir au jour, c'est... un abîme de nuit, l'intenable ; de quoi « rendre fou ».

Et qui suis-je pour, en ultime instance, juger « le monde » d'autrui ? Le point est qu'on peut vouloir sans le savoir cette destruction ; il suffit de ne pas écouter avec assez de respect.

Illusoire : tel paraît être le dit de la parole vaine. Donc à dissoudre au feu critique de la vérité. Mais il peut y avoir du vrai dans l'illusion ; ou mieux : l'illusion peut être la vérité *sous le mode illusoire*. Auquel cas, il y a deux illusions majeures (parce que sans issue vers la vérité) : tenir à l'illusion au nom de sa vérité, en sorte que cette vérité s'y perd ; s'opposer à l'illusion au nom de la vérité qui veut la défaire, et exclure ainsi la vérité que portait en elle l'illusion. Conjointement la parole morte, décidément morte, c'est celle qui prétend *juger morte* la parole qui se dit, au nom de ce qui, en cette parole, parle à faux. Or c'est cette parole morte que dit la prétendue écoute, quand elle juge. C'est cette parole de mort que l'écoutant, alors, entend en lui.

J'entends une parole qui va vers l'écoute

On s'attend à ce qu'une telle écoute soit ressentie, par celui qui se risque à parler, comme la belle offre de liberté où sa parole va enfin se déployer. L'écoute, bonheur de la parole.

Pas sûr. Pas sûr du tout.

Il est possible, voire probable, que paraissent assez vite douleur et désarroi. Ce qui se réveille en la liberté neuve, c'est cette « souffrance intouchée » que le silence laissait en sommeil — même si les effets de l'intouchable ravageaient la vie. Mais la souffrance, devenant vive, peut être telle qu'elle bloque tout. Arrêt. Il faut du temps, l'écoute et, de l'autre côté, un grand courage, pour passer outre.

Dans les cas les plus forts, on y perd un monde, on se retrouve comme au début de la création, quelque chose comme contemporain d'un big bang !

Entendre, c'est entendre cette douleur, les retards, résistances, dérobades, reculs où elle *se dit*. C'est, là encore, entendre la détresse aussi longtemps qu'elle dure ; double, triple détresse : douleur ancienne, revivifiée, douleur d'avoir vécu sous sa loi non-dite, douleur d'être dans l'engendrement d'une autre vie, d'un autre monde.

L'écoute est la patience même. Elle est, pour qui pâtit ce que je viens de dire, le droit d'en être là, d'éprouver ce qu'il éprouve, de toucher la douleur intouchable. Sinon, c'est lui refuser son malheur. Et c'est seulement s'il peut être ce malheur que de toute façon il est — qu'il pourra en sortir. Mais (autre citation) « vous n'imaginez pas comme il est difficile de renoncer à son malheur ». C'est lui qui tenait en vie — en empêchant de vivre [1].

Ainsi, première confusion à éviter : de la parole allant à l'écoute avec l'euphorie de la parole. Il y en a une autre : entre la parole qui vraiment parle et celle qui fait semblant ; qui s'imagine y être et qui n'y est pas du tout. Péril renforcé chaque fois que s'est répandue, par « l'information », l'*idée* de ce que doit être la parole pour l'écoute. C'est le cas à peu près partout, de nos jours ; mais surtout là où l'on se targue d'écoute : soin du « psychique », éducation, assistances diverses... Rien de plus redoutable ; surtout quand s'y met la complicité inconsciente de l'écoutant. Le voilà en action, le « cercle » de l'écoute !

Tout y est, rien n'y manque. Je crois même qu'on y *accentue* ce qui doit caractériser la « bonne » écoute : silence sidéral, attention toute portée vers ce qui témoigne de la faille, du manque, de « l'autre scène » ; impitoyable méfiance de tout ce qui se donne naïvement d'affirmatif ou de construit ; durée interminable ; interprétations rigoureusement relatives à ce qui déloge l'écouté de ce qu'il croit être ou tenir, etc. Tout y est, et même un peu trop.

Le plus grave de l'affaire, c'est que, quand on est là, il est *impossible de voir* la différence d'avec l'écoute réelle. Il est vrai qu'elle est infime ! Et totale. Plutôt l'écoutant (car c'est

1. Nous reviendrons là-dessus, à propos du « scénario ».

d'abord de lui qu'il s'agit) sent-il sa supériorité vis-à-vis de tous ceux dont l'écoute est moins « rigoureuse ». Car il tient à sa rigueur. Il faudrait, je crois bien, en revenir à l'écoute *simple*, dans une perte vertigineuse d'un savoir et d'une fonction onéreusement acquis, avec le risque de découvrir qu'on n'y est pas du tout, qu'on n'est même pas au commencement. Rude ! En attendant, il se fait des mimétismes pervers de l'écoute, suffisamment armés pour *paraître* le sérieux même...

Alors peut se produire la catastrophe. L'écoute prétendue devient mortelle à qui s'y laisse prendre : soit par complicité inconsciente, soit parce que, le malheureux, il fait confiance et croit bien faire. Le fruit de l'écoute, pour l'écouté, devient un savoir de son mal, de plus en plus éclairé — voire de plus en plus savant. Mais en plein milieu, le trou noir : l'écoute si avertie n'écoute pas vraiment, elle n'est plus que silence muet. Or le silence de la bonne écoute parle ; il dit, avec une intensité extrême, qu'il y a lieu d'être.

J'entends une parole pleine

Une telle parole est l'ici et maintenant de celui qui parle, enfin clair à lui-même en ce qu'il dit, de cette clarté qui tolère l'obscur parce qu'elle communique sans peur avec lui.

Mais, là encore, le mimétisme peut jouer : l'écouté parle comme s'il parlait ainsi, l'écoutant l'écoute de même. En réalité, cercle accompli ; l'écoutant n'entend que son propre langage, il a obtenu la répétition ! Passage à la limite de ce qui s'indiquait ci-dessus : la parole vide et vaine *en la place* de ce qui devrait être sa mort ; la prétention au savoir qui se pose en non-savoir ; le système dénié qui se prend pour l'écoute même, etc. C'est sans chemin possible. Même l'inaudible — l'opaque — peut dire encore, témoigner à sa façon. Ceci, non. Et il convient de ne jamais s'imaginer qu'on est tout à fait en dehors de ce malheur-là.

Il y a une autre possibilité : que la parole entendue soit,

pour l'écoutant, illuminante, bouleversante, fascinante. Ce n'est plus du tout répétition de lui-même, c'est l'ouverture inouïe. Du moins le croit-il. Mais ce peut être encore le cercle d'illusion. Simplement, les positions se sont renversées. C'est l'écoutant qui devient dépendant de celui qu'il écoute, dont la parole le tient. Mais elle ne le tient que parce qu'en fait elle répond trop bien à un désir, en lui, qu'il ignorait.

L'écoute veille

Ainsi la « classification relationnelle » en vérité ne classe pas. Elle dit des moments de la parole et de l'écoute, qui peuvent en fait coexister, en sorte que chacun a sa zone d'ombre actuellement impénétrable, sa région faussement claire, son travail de vérité, sa part enfin lumineuse ; en tout cas, cela est possible en chacun.

Elle dit un mouvement de la parole et de l'écoute, elle invite à passer de l'emmuré ou l'égaré au libre, manifeste, fécondant. *Entendre* cette classification, c'est entendre cette invite.

En sorte qu'il n'y aurait finalement que deux « espèces de gens » : ceux qui avancent et ceux qui ne bougent pas. Différence plus essentielle que toutes autres à l'écoute, qui se réjouit d'entendre le hors-parole s'essayer aux premiers mots, se navre d'entendre le bien-disant répéter, à grands coups de « culture », la répétition de son malheur ignoré.

Mais cette différence ne classe plus du tout.

Du côté de l'écoutant, elle ne peut que l'*alerter*. S'il a le sentiment que rien ne bouge, c'est que quelque chose ne va pas. Et ce quelque chose peut être en lui. Il n'a pas la bonne oreille. Il a peur. Et sa peur évidemment se communique à celui qu'il croit écouter, elle devient en lui silence inerte, répétition figée, labilité incurable.

On s'inquiète. Ne faut-il pas *savoir* ce qu'il en est de l'autre pour se comporter avec lui de façon raisonnable et efficace ?

pour savoir ce qu'il faut faire ? Sinon, la belle abstention de l'écoute abandonne, par exemple, le malade au danger, pour lui et pour les autres. Si « ne pas juger » signifie qu'on permet les agressions, les folies, qu'on néglige les soins nécessaires, alors, jugeons !

J'ai déjà fait allusion à cette difficulté. Il ne s'agit pas du tout, ici, de nier ces nécessités du comportement, d'oublier (!) les aspects organiques ou sociaux de la vie humaine. Il s'agit seulement de connaître ce qui est l'écoute et ce qui ne l'est pas ; et de percevoir que ces jugements et pratiques, extérieurs à l'écoute, sont uniquement commodes, sans plus. Avec le risque d'être trop commodes, quand ils dispensent d'écouter. Mais ils ne sont pas « la science » ou « la technique » efficace et compétente, bien supérieure à l'écoute et à sa pauvreté. C'est là l'illusion de la *raison sourde*, dont nous aurons l'occasion de reparler.

L'écoute ne sait pas : elle veille.

Son œuvre est de veiller sur la parole, la protégeant contre ce qui la détruit ou l'empêche de naître. Elle ne contrôle pas, elle ne conduit pas, elle ne produit pas : elle veille. De jour, de nuit, au crépuscule. Dans la lumière de ce qui a sens — mais le jour peut tromper. Dans l'obscur de l'inaudible — mais la nuit peut devenir clarté. Dans l'entre-deux crépusculaire du passage, quand surtout vient le moment d'éveil.

Entendre, c'est voir, de cette vue qui n'est point celle du voyeur, qui n'est pas arrêtée par le spectacle, l'évidence, la chose. Entendre, c'est toucher, de ce toucher sans prise et même sans contact, qui se borne, limite heureuse, à donner la pure présence.

Veille de jour, puisque le jour peut tromper : ténèbres à midi. Ce qui se donne dans la belle clarté solaire est alors à entendre en son côté de nuit — non par soupçon, mais par l'*éveil*. Ainsi le discours qui sait ce qu'il dit, jusqu'à se penser pensant dans les miroirs de la réflexion, peut-il communiquer avec ce qui n'est pas de son théâtre. L'entendre bien n'est pas lui substituer un discours autre — remplacer, par exemple, la métaphysique par la psychologie ! — c'est donner l'espace où l'obscur peut habiter la clarté même, en sorte que cette clarté *déjà sort* de la ténèbre qu'elle ignorait.

Veille de nuit, parcours de nuit. Qu'y a-t-il à entendre sinon ce qui ne vient pas au jour, c'est-à-dire ne s'entend pas ? Veille de nuit, où l'entendre devient la pure écoute, sans aucune prise, sans objet, sans chemin dessiné. Vigilance qui n'a d'autre vérité que sa vigilance. Elle dit seulement que là, en ce silence — mutisme, parole emmurée ou éclatée, étrangeté insurmontable — là se tient visage-et-voix d'homme ou de femme, le plus proche.

Aussi bien est-ce le proche en nous de notre propre nuit. Et peut-être est-ce le lieu de la parole où commence l'homme, peut-être est-ce en cette nuit que s'éveillent le poète, le sage, le prophète. C'est pourquoi veiller en cette nuit est peut-être le chemin sans chemin pour entendre une telle parole.

Veille au crépuscule, le soir ou l'aurore. Moment de l'entre-deux et du passage. On peut songer que c'est par excellence l'heure de la veille de l'écoute. Le soir et l'aurore s'opposent sans doute moins qu'on n'imaginerait : car l'entrée dans la nuit peut être l'acceptation de la face insue et méconnue du jour ; et l'aurore est commencement du jour *nouveau*, qui porte à la lumière ce qui demeurait dans la nuit.

Aussi bien, finalement, l'opposition même du jour et de la nuit est relative. Elle est seconde par rapport à celle, plus radicale, de la lumière et de la ténèbre ; car celle-ci dit le clivage absolu entre ce qui opère clarté et vérité et ce qui s'emmure sans remède en la destruction du mensonge. Mais ce clivage n'est jamais *acquis*.

La veille est inconnaissance. Même si elle sait, elle est comme ne sachant pas. Et l'oreille qui en elle écoute est l'autre oreille (celle du cœur, celle du dedans).

Il n'y a plus de case ni de cas, mais des moments divers de la veille de l'écoute, qui ne sont, pour la parole possible, que liberté. Et il arrive que celui qui écoute soit dans la nuit tandis que celui qui lui parle entre dans la lumière du jour. Et pourtant c'est l'écoute obscure qui lui donne d'entrer dans la lumière !

3. L'envers et l'endroit

La plongée

Quand la parole « vient à l'écoute », *il se peut* que, pour l'écoutant, vienne à s'entendre quelque chose comme la plongée de la parole. La parole s'en va par-dessous — hors, au-delà — de son champ « normal », elle s'écarte de ce qui la met en place dans le langage constitué, l'ordonne comme socialement communicable, en confie conjointement la maîtrise à celui qui la dit.

Cela peut s'annoncer par le silence, l'hésitation, le bafouillage, la perte du « bien-dire » ; par le sentiment de parler comme au-delà de soi et sans connaître ce qu'on dit. La parole s'en va en cette faille et la faille passe en la parole.

On peut, pour rendre le passage plus aisé, en proposer carrément la règle : « Dites ce qui vous vient à l'esprit, en censurant le moins possible » ; règle freudienne. Mais le passage peut se faire spontanément, par la simple liberté que donne l'écoute simple. *Quelqu'un y va* ; il n'y a rien à lui en dire. En vérité, la parole n'y va de toute façon que d'elle-même. L'invitation, la « règle », peuvent seulement aider à ce mouvement-là. Sinon, l'on est dans le faux passage : on prend la fameuse règle comme une règle à appliquer, on fait des exercices freudiens, on n'y est pas.

Mais qu'est-ce qui fait venir là ? La nécessité, la libre nécessité immanente à la parole. Elle n'est pas sans désir, bien sûr. Mais ce désir ne se donne pas dans la représentation d'un but ; comme de guérir, par exemple. Ou du moins, c'est second. Dans ce qui vient à se dire, le désir n'est pas autre que : par la parole aller par là.

Le passage se fait autrement que tous les passages en lieu connu — il faut passer avant de comprendre ! C'est pourquoi tâcher de s'éclairer du dehors, par des livres, des cours, des conseils, c'est seulement se ralentir ou s'empêcher. Le chemin est différent — de la fausse clarté par le très obscur vers la clarté impensable !

On songe : quel effort doit être nécessaire ! Quelle tension pour trancher le nœud gordien, pour casser les réseaux inextricables des fausses clartés ! Pas du tout. C'est sans effort. C'est un renoncement sans effort où l'on renonce à l'effort même. Voilà qui paraît encore plus dur à entendre que ce qui précède sur l'obscur, tant nous sommes entraînés à ne voir de sérieux que dans penser et vouloir. Le paradoxe (je le reconnais extrême, mais *c'est comme ça*), c'est que le plus difficile n'est point de concentrer son énergie pour surmonter l'obstacle, mais de laisser aller, laisser venir, laisser se dire, pour que fonde l'obstacle où s'est cristallisée la volonté elle-même (pas seule bien sûr ; mais prise dedans).

La différence capitale c'est : traverser. Différence d'avec les traditions et procédures reconnues de la bonne gestion de l'obscur en nous — qu'il faut élucider, ou réprimer, ou esquiver, ou dissoudre, etc. Traverser : l'écoute a pour fonction de donner, de laisser pouvoir à la parole de transgresser, de laisser paraître l'envers. Ainsi la traversée sera possible.

Ce qui vient

Ce qui vient pour celui qui parle, en sa parole, c'est l'inattendu, l'étranger, le hors de sens. C'est ce qui était laissé en arrière, mis en dehors, en bas, de côté, etc. Jeu des métaphores : elles valent et ne valent pas. Elles indiquent « ce qui vient » à partir de « ce qui est là ».

Le fond fait surface. L'incontrôlable investit le contrôlé. L'expulsé fait retour. L'oublié se remémore. Le hors-texte passe dans le texte.

Cela ne se donne qu'en acte. Il n'y a pas un « caché », un « oublié », un « expulsé », déjà là, indiqué par des livres, la parole des autres, ou celle de l'écoutant, qu'on aurait à apprendre, comprendre, rejoindre par effort. Il n'y a que ce qui vient à parole, ici et maintenant, dans l'espace de l'écoute. C'est descendre, ouvrir en amont, ouvrir en bas par la parole et le silence...

Et qu'est-ce qui se donne à écouter ?

C'est d'abord le *travail de vérité* comme tel, ce travail qui naît là. C'est devenir-capable-de-dire, c'est de pouvoir dire dans l'espace enfin sans danger, sans le danger fondamental (en sorte que tout le dangereux, l'impraticable, l'impossible à dire peut venir au jour). C'est d'abord cette puissance qui se donne à entendre, et pour celui même qui vient pour être entendu. Il s'entend enfin sujet de sa parole, paradoxalement, au moment où sa parole « se perd » dans l'imprévu, l'étrange, etc. Ainsi le « contenu » premier à entendre est cela même que « donne » l'écoute — bien qu'elle ne dispose d'aucun pouvoir.

Ce peut être ressenti d'abord comme une libération. Ça s'ouvre. On sent poindre en soi une puissance inconnue, qui est soi-même ; et les forces réprimées, les désirs méconnus enfin parlent. Aurore de la vie !

Mais c'est dans une perte étrange ; et il se peut que bientôt le sentiment de perte prévaille ; peut-être jusqu'à l'angoisse. La liberté entrevue est la fin de la liberté jusque-là voulue : la belle maîtrise de soi, la solitude impériale du « sujet » ; ou bien *l'autre* laisser-aller, le jeu chaotique des envies (car on apprend ce qu'elle cachait, on déchiffre, dans les désirs, un désir inconnu).

La pensée ne domine plus, ne précède plus. Elle ne vient qu'après coup, ou pas du tout. En même temps, impossible de s'oublier ou s'endormir dans la banalité, l'opinion commune : on est creusé à fond par le bouleversement qui n'épargne rien.

Ainsi paraît l'envers.

L'endroit, c'était la vie et le monde tels qu'ils étaient *avant* ; avant qu'on ne s'enfonce dans l'obscur travail de vérité. Non point ceci ou cela, ou « le moi », mais tout, « le moi » compris, bien sûr : c'est-à-dire le grand édifice, où la vie est possible. Tellement premier et toujours là qu'on ne le perçoit même pas. Mais voilà qu'il se déconstruit : alors il paraît, dans sa déconstruction même. Il avait des failles, plus ou moins cachées, qui descendaient peut-être jusqu'aux fondements ; il était peut-être construit à faux. Mais il tenait.

Il ne tient plus ; le monde s'en va. Tout s'en trouve atteint ; il n'y a pas de refuge. Et ce qui d'abord semblait le lieu sûr, au sec, à la lumière, risque de se montrer comme le lieu du plus obscur.

Cet envers du monde, est-ce l'aboutissement ? Question formidable, qui risque d'être masquée si l'on est si fasciné par tout ce que révèle l'envers, qu'on reste en quelque sorte fixé là. Déchiffrer ! Révéler l'en-dessous ! Rétablir le texte manquant ! Et autres figures de cette même entreprise, qui correspond si bien au grand vœu : savoir le secret.

Mais la parole de celui qui parle va-t-elle là ? Ou n'est-ce pas seulement, pour elle, pour lui, moyen de passer ? Vers quoi ?

Qu'est-ce que l'écoutant, ici, doit entendre ?

Non pas seulement ce qui se dit, ni même ce qui, par ce qui se dit, se révèle peu à peu de l'envers (appelez-le comme vous voulez, il est l'envers pour ce monde où subsistait celui qui parle). Ce qui est à entendre est ce qui ne se dit pas encore, ce qui ne peut se dire, l'endroit de cet envers ; et qui n'est pas, qui ne peut plus être l'endroit perdu, le monde faussement clair qui a précédé. Ou, si l'on veut : ce qui est à entendre, c'est la vie possible plus loin, et qui ne sait pas ce qu'elle sera, car elle ne peut venir qu'à faire venir au jour son lieu. Et, pour l'heure, on en est seulement à quitter le lieu perdu.

Moment critique, sur ce versant de l'envers ! En amont, ça se déconstruit. Ce pouvait être bien contrôlé, tout solide d'apparence — ou déjà douloureux, glissant, ressenti faux (il y a les deux cas). Mais enfin, ça s'en va. Le vide se creuse en place de ce qui faisait demeure. En aval, ou devant : l'envers, le défilé labyrinthique dans l'obscur ; et, pour l'instant, rien plus, rien de visible. On *n'imagine* pas d'au-delà ; c'est le vide. Ainsi est-on entre deux vides.

Il n'y a d'issue que dans la venue de l'endroit, l'endroit *autre*.

On dit : en est-il toujours ainsi ? Et : qu'est-ce qui prouve qu'un tel « à l'endroit » existe ? Mais est-ce que je prétends parler pour tout le monde, ou donner la loi ? Ou est-ce que je prétends prouver quoi que ce soit ? Non aux deux questions.

On dit encore : n'y a-t-il pas des gens qui sont d'emblée dans l'envers ? Pour qui « leur monde » est d'avance perdu ? Il se peut ; et qu'ils aient, du même coup, cette « lucidité » effrayante qu'on reconnaît à certains. Ils ne répriment rien pour faire tenir le monde : tout est en plein jour — un jour de mort. Mais même ceux-là peuvent avoir à leur façon un monde, fût-ce l'anti-monde, ou la construction folle. Même le délire est une protection contre le pur abîme.

Dans la mesure où quelqu'un habite l'envers, l'entendre demande une force exceptionnelle : car, pour que l'écoute ne soit pas en quelque sorte dévorée par l'absence, il faut bien que se pressente, que s'anticipe « l'endroit » absolument invisible de ce désastre.

Le plus inconnu

Ce qui paraît d'abord comme l'envers malheureux de ce qui se défait peut, vu, entendu autrement, être l'annonce de ce qui vient. Un papier maladroit cachait l'envers de la tapisserie. Il se déchire, l'envers paraît. Mais la vérité de cet envers n'est pas la déchirure, c'est l'endroit *encore non vu* de la tapisserie.

Ainsi — proposition capitale — le plus caché n'est pas ce qui vient au jour dans la parole où affleure, par les enchaînements et liaisons obscures, l'envers ou le non-dit du texte clair. Le plus caché *est par-delà*, c'est l'autre texte clair, la venue de la parole à l'autre maîtrise, celle qui porte en elle la démaîtrise et s'en nourrit.

Il y a un inconnu par-delà l'inconnu paraissant dans les failles et ruptures et l'irruption de l'étrange. Et c'est le plus caché parce que, pour qui parle et s'avance en sa parole, c'est le plus lointain, le pas encore vu du tout, alors que « l'envers » se montre.

Dans ce lieu neuf, vient à vivre ce qui semblait désastre de la vie. La violence, par exemple, n'y est plus la violence meurtrière, d'abord enfermée par une répression forcenée, suicidaire par sa trop angoissante véhémence, puis jaillissant brute, hors loi : c'est commencement de puissance humaine, puissance d'engendrer, construire, affronter tout. Le désir du corps, le désir sexuel n'est plus l'envie de jouir, le besoin aveugle du contact charnel, de la réalisation des fantasmes — ce qu'il peut en effet paraître lorsque cède le refoulement qui le rendait absent, ou les confiscations et détournements (y compris laxistes) qui le faisaient méconnaissable. C'est un désir qui peut habiter l'amour.

Le chaos est l'envers de la création : non sa ruine, mais son esquisse encore confuse et sauvage. C'est-à-dire, en vérité, qu'il n'est pas du tout le chaos, mais ce qui paraît tel *à partir* du monde que l'on quitte, du faux moi dont on se défait.

La régression inaugure la progression effective, la reprise

du plus archaïque coïncide avec l'ouverture de l'inouï. L'infantile meurt dans la nouvelle enfance ; celle où l'adulte se connaît neuf.

La perversion même — venant par exemple dans les fantasmes jusque-là réprimés — peut être la première apparition, dans un système répressif, de ce qui est création, relation, amour. La perversion écrase dans l'imaginaire du jouir ce qui n'est vrai que dans la fonction symbolique. Elle transforme les gestes-signes en gestes-choses. Mais, là où le symbole a déjà été écrasé par le système répressif, son lieu d'apparition *peut être* la perversion. Alors la vérité du corps ne sait d'abord se dire que dans la destruction apparente de la loi. Car c'est la loi qui est devenue perverse ! Et la perversité de la loi se révèle en ceci : que la vérité de l'homme, enfin venant à l'homme, y a précisément la figure de la perversion.

On vient à se demander si toute « pathologie » n'est pas la forme inverse de quelque chose de positivement grand, voire nécessaire à l'homme. Et si le plus secret n'est pas cette face cachée de la folie, qui serait la lumière. Rien à voir avec l'éloge facile de l'anormal, la confusion de tout opposée à la répression. Car accéder à cet « au-delà » c'est traverser, non pas sombrer !

S'il y a, en ce que je dis, quelque vérité, alors il convient à l'écoute d'anticiper « l'endroit » de l'envers, le grand inconnu. Elle ne se borne pas au constat plat, à l'écoute faussement pure, « objective », qui n'entend que ce qu'elle interprète, en tâcheron du déchiffrement. L'écoute est écoute de ce qui n'existe pas, pas encore, et s'annonce dans la déconstruction de ce qui croyait être. Car le réel des humains, c'est leur pouvoir-être, pas leur état. Ainsi, pour le « constat objectif » qui « ne croit que ce qu'il voit », la réalité humaine est imaginaire.

Mais l'écoute ne sait rien de ce qu'elle anticipe. C'est pourquoi, lorsque celui qui va, parlant dans l'espace offert, se trouve entre les deux vides et pris d'angoisse, il y a une angoisse de l'écoute. Il est capital qu'elle ne soit pas submergeante. Sinon, l'écoutant n'a plus qu'une envie : arrêter ça. Il risque ainsi de faire se perdre la parole qui s'aventurait hors du lieu trop connu, du toujours déjà inscrit.

Son écoute — et la parole qu'il dit au titre de l'écoute — peut alors dire : « Pas plus loin. » Oh, pas par une censure explicite. Mais par la nécessité, donnée à entendre, de s'adapter, d'être raisonnable, d'accepter ses limites, de prendre le monde comme il est, d'obéir au « principe de réalité », etc. En vérité, l'écoutant règle l'écoute sur *ses propres* limites.

Cela se fait inconsciemment, bien entendu.

Alors que, si celui qui va va jusqu'au bout, c'est-à-dire jusqu'où réellement il peut aller, même ce qui était perdu sera retrouvé ! Tout ce qui, du premier « à l'endroit », portait au moins en germe *de quoi vivre*, revient dans cet « à l'endroit » second — mais débarrassé de ce qui le diminuait ou étouffait. Raison de plus pour prendre bien garde à ne pas condamner l'illusion et autres misères du premier temps. Elles peuvent être la forme encore malheureuse de ce qu'il faut rendre sauf !

Ce rapport de l'envers à l'endroit éclaire encore ce qu'il en est de la « classification ». Le plus important n'est pas « ce que les gens ont », en fait de « maladies » ou autres disgrâces ; ni ce qu'ils sont. Ce n'est pas leur état. C'est le *rapport* qu'ils ont à leur état. C'est, dans le langage dont j'ai usé (on peut en prendre d'autres), qu'ils reconnaissent ce qu'il en est, en eux, de l'endroit et l'envers ; et de l'essai ou l'espérance d'un passage. Ainsi s'explique que certains, abîmés dans des détresses psychiques graves, puissent être aussi pleins d'humanité, efficaces, bienveillants, sages même ; et que d'autres, « normaux », super-adaptés, puissent être effroyablement absents et destructeurs.

Le passage difficile

Double peur. De laisser se dire ce qui se trouvait refoulé, expulsé, dénié, etc. D'aller, par ce chemin-là, par cette traversée, vers la vie autre.

Les deux peurs agissent ensemble ; elles se soutiennent. Mais la plus angoissante est peut-être la seconde : du passage vers le neuf. Parce que c'est le passage vers le plus inconnu. Et parce que c'est la transgression absolue. Angoisse de cette vie qui vient, parce qu'elle est la *vraie fin* de cet ordre qui était non-vie, mais qui aussi bien autorisait la seule vie possible (la contradiction n'était pas visible du dedans). Le malheur même, si intenable qu'il fût, jusqu'à lancer dans l'aventure impossible, était en un sens moins insupportable. S'il est si difficile de « renoncer à son malheur », c'est que, le perdant, on perd tout. Et qu'il faut donc, absolument, passer.

Le plus angoissant, alors, n'est pas la mort, mais la vie. Car la mort est l'*idée* de la mort, du grand sommeil : tandis que la vie est la vie, qui est mortelle. Mais alors, le risque n'est-il pas grand que tout s'arrête là ? Et que peut-on faire pour l'éviter ?

S'approche quelque chose comme le point critique. Quitte ou double : arrêt, fuite, décomposition ; ou bien reprise, naissance, ouverture du nouveau monde — l'autre vie. C'est un point de retournement : puisque celui qui passe *se tourne vers* ce qui vient, résolument, et *perd* son ultime attache à « son mode » de malheur. Ce retournement, c'est la chose la plus grave, la seule vraiment grave de toute l'aventure — et l'on ne sait pas ce que c'est. On ne l'explique pas, il n'y a pas de méthode pour le reproduire ou y mener. (On n'en parle pas plus dans les livres de psychologie que du péché contre l'Esprit dans les traités de morale chrétienne ; alors qu'il est écrit que ce péché-là est le seul irrémissible !)

Etrange impuissance de l'écoute, au moment le plus décisif ! Faut-il dire : un appui doit venir d'ailleurs ? une parole qui éveille, qui délivre ? Mais on craint que cet appui ne fasse retour à ce qu'il faut quitter ; qu'il soit une manière ou une autre de revenir en arrière. Quelque chose dans l'écoute même ? L'assurance, déjà, d'un autre ordre premier des choses, tel que la perte du monde ancien soit naissance ? Mais d'où l'écoutant tire-t-il cette assurance-là ? Et comment se tient-elle en son écoute ? Et comment s'accorde-t-elle à son absence totale de pouvoir sur ce que va vivre, ou pas, celui qu'il écoute ?

Entendre, ici, ne fait rien ; et ce doit bien être, pourtant, suprêmement agissant. Voilà qui ouvre, à l'écoute, quelques questions-abîmes. En tout cas, il est sûr que si l'écoutant *y entend* quelque chose, ce n'est pas avec sa science, c'est par sa propre capacité de passer outre.

Les moyens de résistance

Passer est difficile ; jusqu'à donner, éventuellement, un sentiment de mort, de folie, de fin du monde. On résiste, et sans même savoir qu'on résiste ; et par des processus qui au moment où ils agissent ont une force telle qu'ils coïncident avec ce qu'on *se sent* être. Je me risque à en indiquer quelques-uns.

L'absence

Le moyen le plus simple d'échapper au passage qui s'annonce, c'est sans doute de s'absenter. Il y a diverses façons.

La plus radicale : mourir.

Mais aussi : délirer. Ou, apparemment tout à l'opposé : renvoyer au délire ce qui s'annonçait, redevenir « raisonnable ». Et cela même peut être, en fait, s'intégrer à un délire collectif.

Quoi de commun entre des issues si diverses et qui paraîtront, au jugement extérieur, si étrangères les unes aux autres ? Ceci, au lieu qui nous occupe : de toute manière on *n'est plus là.*

Le décontrôle

Il y a perte de maîtrise. N'est-ce pas nécessaire ?

Mais ce décontrôle-ci n'est pas du tout la démaîtrise qui est chemin de l'autre maîtrise, l'étrange, le grand laisser-être qui fait qu'advient l'homme en l'homme. Ici la démaîtrise *se fixe* en décontrôle, en déconstruction, en négatif de l'ordre ancien. L'envers s'arrête à l'envers. Assez souvent, ce qui paraissait dans la parole se fige en réel : passage à l'acte. Le fantasme, par exemple, devient comportement. Mais le décisif n'est même pas là : c'est que l'acte et le réel y sont pris pour acte et réel, fermés sur eux-mêmes, et non encore verbes, malheureux peut-être, mais verbes d'un commencement.

Et pourquoi ? C'est pour donner la preuve, à l'écoutant, à soi, que « ce n'est pas possible », puisque *ça* mène à *ça*. La figure de l'impossible variera, bien sûr : situations insolubles, échecs dépressifs ; ou bien : défoulement permissif. Le style aussi : gémissant ou provocateur. La fuite peut ainsi se dissimuler sous la revendication de liberté, du genre « il est interdit d'interdire » ; mais elle habite l'envers du monde qu'on rejette, elle n'en est pas vraiment *sortie.*

Le redoublement

Au lieu de simplement vivre ce qu'on vit, éprouver ce qu'on éprouve, qui pourrait ainsi dire son sens et faire passage, on le surcharge en le redoublant. Angoisse de l'angoisse, colère de la colère, honte de la honte, culpabilité de la culpabilité, dépression de la dépression, crispation de la crispation, etc. !

Le redoublement peut contaminer la réflexion qui joue alors un rôle extrêmement trouble — et, pour que ce soit complet, sous prétexte de lucidité. On se juge, en se regardant au miroir. Mais c'est un miroir pervers. L'image qu'il renvoie n'est pas naïve et simple ; c'est celle que *produit* ce faux ordre de choses qu'on ne parvient pas à quitter. Le miroir *dit* qu'il ne faudrait pas éprouver ce qu'on éprouve, au moment même où il témoigne qu'on y est. Rien de tel pour renforcer, à l'infini, ce qu'on veut ôter — le voulant et ne le voulant pas.

Le redoublement est comme le renfermement de l'ordre faux sur lui-même. Il empêche de connaître, en ce qu'on vit, ce qui irait ailleurs. Là joue ce que j'appellerai la sur-interprétation. Au lieu d'une écoute ici-et-maintenant, d'une écoute de soi-même où par exemple l'angoisse aurait chance de se délivrer comme nœud de forces barrées, la dépression comme faux retour sur soi de la colère, etc., vient une interprétation dominatrice et contraignante, *extérieure* à ce qui se donne à entendre.

Tout peut y servir : religion, éthique, philosophie... ; mais aussi médecine, psychologie... La sur-interprétation psychologique est peut-être la plus redoutable, par son air justement de comprendre et expliquer : je ne suis pas normal, je suis un obsessionnel, un schizophrène, etc.

La surinterprétation peut donner des redoublements terrifiants, parce que vissés à fond en ce qui passe pour certitudes nécessaires ou savoirs établis. Ainsi par la religion, vers la damnation. Par la philosophie : l'angoisse de perte du monde, par exemple, vient coïncider avec les thèses idéalistes, le vertige du solipsisme, ça *se met à s'argumenter*. L'effort de raison enfonce dans le piège. Par la psychologie — jusqu'à instaurer un *savoir* du psychisme, qu'on applique éventuellement à autrui, et où le redoublement s'est cimenté.

Il faut signaler une forme particulièrement perfide du redoublement. Le chemin que nous évoquons ici n'est pas linéaire : il va par reprises et réitérations, où se recommence plus ou moins tout le parcours ; avec, si l'on va, changement à chaque fois. Non la ligne, mais la spirale ! Reste qu'à chaque reprise, on retraverse tout, même le pire. Plus vite et mieux, généralement ; mais enfin, sans pouvoir faire l'économie de cette angoissante répétition. Le redoublement, agissant là, fait confondre reprise et rechute. On croit que « tout recommence » et la désolation qu'on en a risque de tout faire plus ou moins recommencer.

Le parasitage

Des voix parlent en nous, mais obscurcies, sans qu'on les distingue. Voix d'enfance, premières paroles entendues, marquées au fond de la chair, par-delà les mots, en dessous de tout discours explicitant ; et, en elles, voix plus anciennes encore, de celles qui paraissent nécessaires pour qu'il y ait homme.

Elles étaient si confondues avec le réel et avec moi que je ne les triais pas. La déchirure qui donne l'envers, et plus encore le passage au-delà, font que ces voix se séparent. Je peux les identifier, les mettre à distance, les entendre comme telles.

Et c'est alors qu'elles prennent toute leur force. Ce qui n'avait pas à se dire — c'était le réel, c'était moi — vient à se dire ; et pour me signifier le péril inouï de *faire taire* les voix parasites. Ne vais-je pas entrer dans un insupportable silence ? Il se peut alors que ces voix insistent, qu'elles réoccupent, en quelque sorte, la parole qui tentait de se dire hors d'elles.

La condamnation

Ici, l'envers tel que d'abord il se montre, condamne. Et c'est une condamnation portant sur l'être même, bien au-delà de la morale : on se découvre hors d'exister. Pourquoi ? Parce qu'il n'y a pas de place pour *ça*.

Cela se marque par une confusion complète dans l'interdit. Tel que *dit*, selon l'ordre de choses jusque-là connu, et confronté à ce qui maintenant monte en parole, il dit à faux, il est empêchement d'être ; ou bien il s'absente, se défait, s'irréalise à fond. Sa fonction n'est plus tenue.

Et c'est sans doute ainsi que vient la condamnation insaisissable. L'interdit a sa propre loi : qui est d'ouvrir la vie possible, de signifier qu'il y a ordre où chacun peut être, un et pour d'autres, en sa vérité. Le malheur de l'interdit — son malheur radical — ouvre un abîme où rien n'assure plus l'être humain contre le chaos ; et d'abord en lui.

Il faudrait qu'une parole parle en ce lieu, l'envers, pour dire que cela même qui paraît comme chaotique peut entrer dans cette vérité de l'homme qui est toute la vérité de l'interdit : non empêchement, mais pouvoir être.

La condamnation sans doute était déjà là, puisqu'elle paraît ; mais comme un état, peut-être assez bien dissimulé derrière une façade d'équilibre et de réussite. Elle devient agissante. Et l'on risque d'en être si accablé qu'on y demeure.

L'épuisement

Vivre ce qu'on évoque ici fatigue. Non de cette fatigue bonne et naturelle qui donne au repos son goût ; mais d'une fatigue tourmentée et tourmentante, heurt au-dedans de forces immaîtrisables, énergie bloquée qui se déplace et fait n'importe quoi.

La fatigue était déjà là peut-être (commune à tous ceux qui ne peuvent déployer leur puissance et dépenser leurs dons). Mais elle déferle dans les efforts pour en sortir. Le mal vient peut-être justement de l'effort. Il faudrait apprendre ce non-agir qui agit si bien dans les grands passages. Mais on veut, on s'efforce ; on s'y exténue.

L'obstacle, alors, peut être tout simplement l'épuisement ; à bout de forces, on se résigne à durer (ou à finir) hors de l'espace peut-être entrevu, mais qui a paru, et pour cause, hors de prix.

Il y a équivoque en tous ces cas.

S'agit-il d'une difficulté simplement subie ou d'une impasse où l'on s'engage ? L'équivoque fait justement partie de l'obstacle.

Il y a complicité. L'absence, c'est, si je puis dire, d'être absenté ; mais par une façon de l'accepter. Le décontrôle, le redoublement, le parasitage, la condamnation, c'est là, ça vient, ça vous tombe dessus ; mais on s'y complaît. L'épuisement est un refuge. Et il n'y a pas moyen — pour qui en est là — de faire le partage, de bien trier « sa part de responsabilité » et donc sa marge de manœuvre. Tout fait masse ; la condamnation, par exemple, c'est la damnation qu'il est.

Il importe à l'écoute d'écouter sans complicité. Elle écoute tout, bien sûr. Il n'est pas question d'opposer, à qui en est là, le refus d'entendre qu'il en est là. Mais l'écoute, par le simple fait qu'elle dure, ne ratifie pas l'absence. Elle anticipe, refuse la complaisance en l'envers. Elle ne redouble rien ; elle est au plus proche du « constat loyal » (dont parlait Freud). Elle est silence des voix parasites ; entendons surtout : elle ne les remplace pas. Elle ne condamne pas. Elle déconcerte, défait l'effort porté à faux.

En l'espace qu'elle donne, l'angoisse par exemple peut se séparer de sa surcharge, c'est-à-dire que l'écoute n'est pas un réconfort *contre* l'angoisse ; elle lui donne au contraire de pouvoir être ce qu'elle est en pouvant se dire, de délivrer — peut-être — ce qui parle en elle. Car en l'écoute est le lieu libéré des menaces qui angoissaient l'angoisse, en sorte qu'on ne pouvait que désespérément la refuser, et donc la redoubler.

Il se peut alors que l'écoute elle-même soit entendue, par

celui qui se débat dans le piège, comme complice de ce qui l'accable précisément *parce qu'elle refuse* la complicité. Elle paraît distance, refus d'aide, froideur, dureté. Elle est ressentie comme absence, chaos imminent, surcharge, silence qui parle trop et, bien entendu, reproche et condamnation. Dans le renforcement de « l'envers », comment pourrait-il en être autrement ? Il arrive ainsi qu'au vif de ces résistances, la seule façon pour l'écoute de dire l'ailleurs, le possible, ce soit de se tenir dans « l'odieux ».

Qu'elle soit enfin perçue autrement, qu'elle soit entendue comme ce qui ouvre vraiment cette vie « à l'endroit » encore inconnue, c'est un aspect de ce retournement que j'ai évoqué plus haut. Faut-il rappeler que l'écoutant est sans aucun moyen de le produire ?

4. Le scénario et son bouleversement

Le scénario

Ce qui se donne à entendre, dans la durée de l'écoute, c'est la durée *où est* celui qui parle.

On pense : elle va se donner dans le récit. N'est-ce pas là que se dit le concret de la durée humaine ? L'homme est l'être qui se raconte des histoires. Cela lui est indispensable ; il peut se passer de philosophie et de science ; il n'y a pas d'humanité qui n'ait raconté.

Les rapports de ces histoires avec ce que nous nommons l'histoire n'est pas, évidemment, coïncidence. Et l'homme dit moderne pense que l'histoire des historiens aura justement pour fonction de ramener les histoires imaginaires à la réalité. Le progrès, c'est la critique.

Dans l'écoute, l'histoire qui va venir, pourrait-on croire, c'est celle de celui qui est là et qui parle ; c'est sa vie qui va se dire enfin avec exactitude. L'écoute servira à ramener le récit à la vérité, c'est-à-dire à la biographie. C'est en somme l'histoire des historiens, appliquée à ce cas particulier.

Ce n'est pas ça du tout. Ce qui vient à l'écoute, c'est peut-être le récit, mais c'est aussi sa rupture, des bouts, des morceaux, des éclats, quelque chose se faisant, le temps bouleversé, le progrès par la régression, le mélange des temps — et quelque chose d'indifférent et hors du temps, qui insiste.

Et il se peut que l'histoire des historiens soit aussi notre façon, au moins pour une part, de nous raconter des histoires. Nous la jugeons scientifique ; c'est rassurant. L'écoute ouvre une durée plus inquiétante.

Ce qui vient à se dire, c'est ce qui est arrivé, surgissant comme ce qui est là, et agissant, en ce moment où l'on parle.

C'est aussi bien ce qui arrive, comme reprise et déplacement de ce qui était inscrit et qui se lit et s'entend de venir maintenant, à ce jour qui le rend autre. C'est ce qui adviendra, c'est le dit en creux, en vide appelant ce qui n'a pas encore eu lieu et qui pourra enfin reprendre tout, au lieu qu'on soit condamné à la répétition malheureuse.

Toutes les instances du temps, passé, présent, avenir, jouant les unes dans les autres. Rien ne meurt, du vraiment inscrit ; et pourtant tout change sans cesse désormais, mobilité irrépressible qu'on ne commande pas. Fin finale de la chronologie.

Tout de même, ça tend vers un ordre du temps, paroles, faits et gestes. Comment le nommer ? J'emploie le mot de scénario. Il est très mauvais, mais je n'en ai pas d'autre. Il a quelque mérites. Scénario désigne ce qui doit être joué, agi, il n'est que dans la mise en acte — il ne se réduit pas au narré. Le scénario peut être réalisé diversement. Enfin, le rapport au temps y a quelque liberté ; à vrai dire, déjà possible en tout récit : ainsi par le « retour en arrière ».

Le scénario dont nous parlons ici a des profondeurs successives (si la profondeur ennuie, employez d'autres images ; celles du palimpseste, par exemple, mais à plusieurs couches ; ou celle des trous du texte, mais sur plusieurs registres).

Passons vite sur le scénario trop évident, du genre en effet de la biographie. C'est en fait l'histoire de quelqu'un comme paragraphe de la grande histoire commune ; un récit écho. Là, on peut à peu près savoir ce qui va se dire : ça suit les scénarios connus. Même l'accident ou l'imprévu ne surprennent pas : ils passent dans les langages du prévisible. Autre affaire, le scénario propre, celui qui ne se connaît que de s'entendre, et pas à pas. La parole y va vers le plus archaïque. Elle y va comme elle veut, jusqu'où elle peut ; gardons-nous de catégories ou « niveaux » établis d'avance.

Mais enfin, ça s'en va assez normalement vers l'enfance, ça régresse vers les débuts et les débuts des débuts de la vie. Et c'est à entendre à partir de ce qui s'en dit et non à partir d'une interprétation prête à entrer en action. Ecouter, c'est entendre l'interprétation immanente ; seule chance qu'elle bouge, si c'est nécessaire. L'écoute oriente celui qui parle vers ce qui « s'agit » en lui et ne s'est pas dit, faute — sans doute — d'oreille pour l'entendre. C'est d'une ampleur insondable. Ça comprend tout, y compris l'irréel, l'imaginaire, le fou. Car cela même est réel *dans le scénario*. Les histoires qu'on se raconte sont aussi vraies que celles qui sont, comme on dit, vraies. Elles le sont ailleurs, autrement ; et la différence n'est peut-être pas si forte qu'on croit. C'est bien pourquoi l'écoute entend tout comme vrai.

L'archaïque vient par l'archaïque : émergence des rêves, par exemple, et de tout ce que la conscience contrôlante estime déchet, marge, restes résiduels [1].

C'est toujours singulier. Le scénario reprend des matériaux, des thèmes et des schèmes connus, pour qui le prend par l'extérieur ; mais ils sont, en lui, une première fois. Ainsi le roman reprend la langue, les thèmes, les schèmes romanesques. Mais, s'il n'est pas plagiat, il est *cette* histoire pour la première fois. C'est pourquoi on le lit au fil de la lecture,

---

1. C'est le chemin que prend résolument la psychanalyse. On peut dire qu'elle commence ici.

non par application d'un tableau synoptique. De même, et plus encore, le scénario qui, à l'écoute, peu à peu se donne à entendre (et toujours avec cette différence : pas par une narration établie, mais par une suite d'émergences [1]).

Le très archaïque, c'est avant l'enfance : c'est-à-dire en l'humanité qui précède et rend possible celui qui est là et qui parle. On se demande comment ce très archaïque peut venir à se dire, puisqu'il semble échapper à toute exploration intérieure. C'est une assez forte question.

Ce ne sera pas par la science historique ; elle part *autrement*. Il s'agit, ici, de l'archaïque de l'archaïque en moi, qui suis là et qui parle, ou le tente.

Pas plus, bien entendu, par toutes les couvertures idéologiques ; par l'énorme dissertation collective sur les grands problèmes, le sens de l'histoire, etc., etc. Car c'est en chacun le plus propre, et au plus obscur de l'obscur ; pas la généralité étalée partout.

Il arrive même que, par le travail offert par l'écoute, on voie s'effondrer par masses les beaux édifices de savoir ou de doctrine. En ce lieu-ci, ils n'ont rien à dire. Cas sévère de « la parole qui ne va pas à l'écoute ».

Qu'est donc ce très archaïque ? L'ordre, l'ordre premier des choses ; non plus en état, mais en mouvement, comme durée pour l'homme. C'est-à-dire, aussi bien, comme son pouvoir être, sa possibilité d'exister. C'est ce tout qui est premier ; là se distribue l'être, selon ce que chaque chose et ce que chacun est. Ce grand ordre se donne concrètement dans le scénario qui est pour chaque humain place, nom, rôle, possibles offerts, chemins tracés, limites ; et toutes les relations. C'est lui qui donne sa force au scénario familial lui-même, force tout à fait disproportionnée à papa-maman ; c'est que,

1. C'est ce qu'ont tenté d'imiter des formes contemporaines du roman.

hors du monde, hors du tout, où je suis d'abord introduit par papa-maman — par ceux qui me précèdent — il n'y a même pas le néant, qui est figure de la négation.

On dit : pourquoi archaïque ? L'ordre premier n'est-il pas moderne, ou post-moderne, en tout cas selon raison et devenir ? L'ancien est mort, rêve de l'humanité en enfance. Mais cet ordre est archaïque, en chacun, par sa place. Il faut moins l'entendre comme « ancienneté » que comme « arkê », principe, origine, autorité. Rien ne prouve a priori que le grand premier ordre soit « moderne » plutôt qu'« ancien » ; rien ne détermine a priori son rapport à la chronologie. *S'il ressemble* à l'archaïque individuel, alors déjà il habite une autre durée que le temps des successions. Peut-être « l'ancien » y est-il recouvert et refoulé par le « moderne » plutôt que supprimé ; peut-être que le scénario « moderne » ou post-moderne laisse en blanc, en perte, d'immenses passages nécessaires du texte ; peut-être que les malheurs du scénario familial sont les seuls verbes restants de ces grands manques ; peut-être que, pour le tout à fait essentiel, le très archaïque coïncide avec l'inouï.

Il ne convient donc pas de confondre cet archaïque avec le début, et le début nécessairement le plus pauvre. C'est fatalement ce qu'on fait quand on part du moi ; ses débuts se perdent dans le neutre, où le regard objectif ne voit que l'extrême pauvreté du quasi indifférencié, du sans langage, etc. Mais il n'y a de premier que le premier ordre des choses, peut-être insaisissable, où le très archaïque est un foisonnement immense.

La question finalement la plus dure est peut-être : peut-on se contenter d'écouter pour écouter, ou faut-il dire une parole qui ouvre l'archaïque ?

Pour quoi évoquer ce genre de choses à propos de l'écoute ? Parce que ce qui vient à l'écoute, par telle parole singulière, c'est nécessairement ça, si la parole dépasse le ressassement du « moi » ou des banalités ambiantes ; et si l'on veut bien l'entendre jusque-là. Et l'écoute se trouve ainsi radicalement délogée de la prétention *à traiter* un *cas* ; délogée, du même coup, d'une neutralité qui la mettrait au-dessus de tout « scénario » de ce genre — ce serait, pour l'écoutant, s'imaginer qu'il est Dieu !

La répétition

Ce qui d'abord se donne à entendre est sans doute la répétition du scénario.

L'écoute ne contraint pas à répéter, elle ne l'empêche pas non plus. Plutôt donne-t-elle espace où répéter *enfin; et ainsi*, peut-être et s'il le faut, de mettre fin à la répétition (comment, jusqu'où, nous verrons).

La puissance de la répétition, c'est la puissance de l'ordre premier nécessaire : il tient par la répétition. C'est pourquoi la répétition est à la fois figure première du temps et hors temps, sans temps — spécialement le temps moderne, celui du progrès, de l'évolution, etc. Le scénario originel se donne, en chacun, comme l'immuable.

Pourquoi est-il si important que « la pièce soit rejouée » ? Parce que, hors d'elle, pas de place ; pas d'ordre où prendre place, où avoir une vie à vivre ; pas de monde où être, donc pas de monde du tout. Vertige, angoisse horrible du monde s'absentant. C'est aussi grave que, par exemple, la répétition biologique : le corps de l'enfant doit répéter, dans sa forme et ses fonctions, le corps de ses parents ; sinon, c'est un monstre. Aussi bien, le corps *humain* n'est pas séparable de la répétition du scénario : elle opère dans la chair, elle s'inscrit là, la première écoute et la première écriture c'est le corps humain qui a entendu et reçu en lui l'ordre vivant que le scénario originel déploie comme durée à vivre.

C'est au point que mieux vaut une place terrible que pas de place du tout. Mieux vaut le scénario qui tue que son absence. Mieux valent les parents méchants et ce qui s'ensuit que pas de parents du tout. Mieux vaut un monde mauvais que pas de monde. Ainsi peut s'entendre que non seulement l'homme souffre et s'égare, mais qu'il tienne à sa souffrance et à son égarement. Genèse de la « pathologie » « individuelle » : c'est se rendre supportable à soi-même en acceptant la « case » proposée ou en glissant dans la case la plus proche du système existant. Il faut à l'homme entendre et répéter « l'histoire qui se raconte », fût-ce dans l'intolérable.

La répétition n'est pas d'abord individuelle.

Ce n'est pas d'abord le « moi » qui répète le scénario, c'est le scénario qui se répète, le grand ordre qui se maintient et réitère. Et ce qui importe, c'est que tout, avec tous les rôles, soit repris, que tous les rôles soient tenus, que la pièce soit jouée !

Au besoin, pour ce faire, il y aura *changement de rôle* pour le « sujet ». Ainsi le « névrosé » peut-il changer de place, de « personnalité », passer d'une « maladie » à une autre. Il peut changer pour que le scénario ne change pas. Il peut être sa mère quand elle est absente, être son fils quand elle est là ; être agressif ou déprimé, angoissé ou béat, selon le type de relation où il est et selon le moment de « l'histoire » qui se joue.

Ce n'est pas l'individu qui est premier, c'est le tout de cette histoire humaine où se donne, aux humains, du pouvoir-être humain parmi les proches et semblables. C'est ce qui se montre dans les rêves et rêveries, les romans qu'on relit, les séries noires ou roses, les contes, les mythes, etc. On dit : le moi s'identifie au héros. Sans doute. Mais tous les personnages sont figures de ce qu'est l'homme ; tous disent ce qu'il en est ou peut être de moi. Et c'est ainsi que les « récits » peuvent travailler à modifier le scénario apparemment tout-puissant ; ils disent une autre histoire possible. C'est par cet accès qu'on peut entendre beaucoup de textes anciens, Homère, les tragiques grecs, la Bible, par exemple, Ancien et Nouveau Testament ; et pas du tout selon des idées sur l'homme ou selon une image unique du modèle à suivre.

Il arrrive, bien sûr, que la place soit fixée, le scénario rigide. Ainsi, dans ces familles où, à chaque génération, quelqu'un doit porter le poids familial : sa place est celle du malheur, de la folie, de la déviance, parce qu'il faut que cette place soit tenue pour que « l'ordre » soit sauf, et que les autres soient libres du malheur. Mais en ce cas, plus que jamais, ce qui est premier est le scénario-à-plusieurs, pas l'individu. Et si l'on place toute l'affaire du côté du « moi », il n'y aura, pour qui se découvre là, d'autre issue que la revanche du « moi » ; c'est-à-dire, comme il est placé, le déni de la loi, le dés-ordre, la perversion (entendue comme prétention du moi à la toute-puissance).

La répétition peut échouer.

D'abord en sa réussite même : elle n'offre à vivre que l'intenable ; on vient d'en donner un exemple.

Mais le plus grave est que l'intenable peut être le seul possible, au point de n'être pas ressenti — parce qu'à le sentir il se redoublerait. Il y a ainsi des vies gâchées, écrasées, anéanties, qui sont vécues avec indifférence ou avec « bonheur ».

De façon bien plus large, il peut y avoir un fonctionnement du scénario qui dispense de la naissance et de la mort *dans la vie* ; mais qui, en revanche, assure tout à fait l'adaptation. La parole qui vient de là est cette parole sensée, ordonnée, active et qui pourtant ne va pas à l'écoute, parce que la répétition y devient la défense absolue contre ce qui ferait paraître l'autre espace, le grand « endroit » d'abord vide où l'on pourrait porter l'impossible. Vies en ordre, vies « équilibrées », dans la famille, le couvent, le parti, la science, l'école, l'économie en expansion, etc. ; quand le processus est parfait, il n'en sort rien, que la mort ; plus précisément : la non-vie, imposée à autrui et à soi, au nom du meilleur, au nom de la vie et de la liberté elles-mêmes.

C'est, du dedans, invisible.

Toutefois, gare au jugement ! Ce qui, dans un monde

donné, peut être cet enfouissement, peut être ailleurs tout autre. Tant que *vivent*, par exemple, certaines traditions spirituelles, certaines cultures, y répéter telle forme de vie est vivre ; mais l'usure ou la perversion de ces grands ensembles, d'abord insensible, et toujours niée du dedans, peut rendre ces formes invivables. Inversement ce qui, hier, était une attitude individuelle impossible (songeons à la condition des femmes, par exemple), peut devenir admis et réglé. Et il arrive, cette fois, que la contestation vire, elle aussi sans s'en apercevoir, à la répétition mortifère.

On peut penser que la bonne répétition est celle qui cesse quand elle a fait son œuvre. L'enfant demande, encore et encore, qu'on lui répète le conte, et sans rien y changer ; quand, par le biais du récit, il a pu vivre en lui, sans le penser, ce qui était obstacle, le conte meurt de sa bonne mort ; il n'intéresse plus. La répétition morte au contraire répète indéfiniment : elle ressasse, elle encombre. C'est qu'au lieu d'agir pour libérer, elle enfonce dans l'asservissement.

Distinction éclairante. Toutefois, le *grand* scénario — connu ou inconnu — ne peut pas cesser : puisque sa cessation serait fin du monde. (On le voit bien par les rites, là où ils sont encore vivants.) Il ne s'efface que par un autre. Mais il peut y avoir écart, moment d'absence ; on pressent qu'il sera dur.

Comment le scénario peut-il casser ? Il n'y suffit pas, on l'a vu, qu'il fasse souffrir ; ou encore qu'il donne un rôle accablant, c'est-à-dire jugé tel par l'opinion commune. Pour le sage stoïcien, par exemple, bien jouer le rôle du mendiant sur la scène du monde vaut mieux que mal jouer celui du roi.

Mais il peut y avoir ratage interne du scénario, quelque chose qui cloche, par rapport à sa propre prétention : un non-dit qui fait mensonge, ou un dit à faux, une vérité dite faussement. Ce n'est pas un manque d'exactitude, un écart entre parole et réalité. Dans sa puissance profonde, ce que je désigne par « scénario » est plus réel que le réel, tout y réfère, même la sensation, même la science. Mais quelqu'un n'a pas tenu sa place, quelqu'un qui était là n'était pas là (pas nommé, par exemple, hors parole), la relation dite était ailleurs dite autrement (dans un ailleurs inaccessible), etc., etc.

Ça ment. Et comme ça ment là où l'enjeu est vie et mort, et au-delà même s'il se peut, c'est un mensonge-meurtre. Et ce meurtre est bien au-delà de ce qui simplement fait souffrir et fait cesser la vie, il ôte la vie au principe, il est l'« archaïque » lui-même comme empêchement de vivre, contre-naissance, effondrement originel, etc.

Alors ce grand meurtre dissout le sens du scénario inscrit. Ce n'est pas hasard si les grands « récits » inscrits dans l'humanité ont si fort rapport au meurtre, et dans cette puissance-là. Ils disent *comment en sortir* ; c'est-à-dire qu'ils touchent, en la répétition nécessaire, le risque le plus grand, pour y porter la force de la parole qui donnera issue. Mais si ça ment, la répétition répète indéfiniment le nœud obscur, elle n'en finit pas de faire vivre dans la mort — sous quelque forme que ce soit. Et le mal, c'est que *quelque chose* n'est pas répété, qui délivrerait le terrible et ferait répéter, recommencer la vie.

Il y a ainsi compulsion à répéter le bloqué, l'enfoui, le mensonge, à la fois pour tenir l'ordre et pour passer outre. Et les deux aspects, contradictoires, sont joints. Ce ne sera pas petite affaire de les disjoindre, pour les libérer l'un et l'autre ; c'est commencer une autre histoire, un autre scénario. Si l'on n'y parvient pas, on risque de ressentir l'approche d'un choix mortel : entre la répétition qui est mort et sa fin, qui est vide insoutenable. C'est choisir entre la mort et la mort.

Comment sortir de là ?

Il peut y avoir sortie illusoire, répétition de la répétition. Ainsi de ceux qui ont tout changé en eux, mais, curieusement, le scénario ancien se répète dans le lieu nouveau. Le contenu est autre, il peut être inversé : le révolutionnaire devient homme de profit ; le prêtre devient incrédule, il devient philosophe, psychanalyste, etc., et comme à ce qui met fin à sa foi ; le libertin devient ascète ; etc. Ou bien l'inverse.

Mais à voir de près, « l'histoire » est la même ; ça se rejoue. Même opposition aux autorités, par exemple ; même type de conflits ; mêmes crises. La répétition est plus puissante que tous les changements d'idées, fonction, milieu, etc. Il y a un ordre premier que raison et critique ne connaissent même pas, qui perdure, imperturbable, sous tous les avatars de la « pensée » et de « l'action ». Transpositions, peut-être de plus en plus lointaines, mais où demeure la fondamentale identité.

On peut dire : c'est psychologique, c'est la part d'inconscient psychique qui subsiste même dans les œuvres de raison. Tout langage est admissible, s'il ne sert pas à dérobade. Or cette référence au psychique peut vouloir faire la part du feu, c'est-à-dire de l'individu, la contingence, le psychique précisément tandis que demeureraient intactes la pensée, le réel, les tâches. C'est ici qu'on peut craindre l'illusion. Il n'y a pas d'en-dehors du « scénario » originel. Le discours philosophique, le discours psychanalytique lui-même sont des *mises en forme* de ce processus plus puissant que tout et dont ce qui se nomme « psychique » n'est qu'une lecture possible, et dans la limite individuelle.

Etre tout à fait hors de la répétition, ce serait commencer en soi, absolument, l'humanité. Ce serait être son père et sa mère et *bien plus* : toute la genèse que porte la généalogie. Ce serait créer le langage, sortir des primitives angoisses en inventant la première parole qui en délivre. C'est hors de la condition humaine. Mais ce que j'ai appelé (faute de mieux) scénario, peut fonctionner comme répétition à faux et meurtrière. Il faut bien alors espérer un changement, et, si possible, que l'écoute y serve.

La fonction de l'écoutant

Le scénario se répète dans la parole qui vient à l'écoute. Mais il se répète déjà de toute façon dans la vie et les relations de celui qui s'y trouve « pris d'avance ». Toutefois, différemment selon les situations et relations présentes. Celles-ci peuvent être telles que quelque chose bouge dans le scénario ; ou même que le scénario lui-même bouge. Changement du rôle, de la « personnalité », des possibles.

Voilà qui donne à songer sur ce qu'on appelle « névrose ». Jusqu'à suggérer ceci : la « névrose » n'est pas un état, c'est une relation. On n'est pas le névrosé en soi, on est le névrosé *de quelqu'un*. Mais si le « scénario » le veut, alors on est le névrosé de tout le monde : et tout se passe comme si l'on *était* névrosé — juqu'à s'identifier avec ce rôle. Névrose relative : il suffirait, alors, que vienne quelqu'un dont on n'est pas le névrosé, pour que la névrose cesse. Toutefois ce peut être provisoire, ambigu ; ce peut être un épisode qui renvoie ensuite, plus durement, à la case fatale. Ainsi, par exemple, il se peut que l'élan amoureux donne le sentiment d'une telle libération ; et qu'il s'avère ensuite que l'aimé ne peut pas tenir cette place telle que, de l'aimer, d'en être aimé, le nœud se déferait.

On dit souvent, alors, que l'illusion amoureuse se dissipe ; les projections idéales, les équivoques narcissiques se défont, chacun redevient ce qu'il est ; l'amour n'était qu'un scénario imaginaire ! Mais on peut penser que cette illusion-là touchait la plus grande vérité, celle qui aurait délogé du scénario menteur. Ce n'est pas par excès que l'amour a erré, c'est par défaut — il eût fallu sortir davantage de la répétition. (Question : quel est l'amour qui va jusque-là ?)

En tout cas, le changement *de* scénario ne se fait que du dedans ; jamais la levée du barré-faussé ne se fait de l'extérieur. C'est pourquoi c'est à chacun d'y être, d'y aller ; nul ne peut ici faire le chemin à la place d'autrui. Loi si rigoureuse qu'elle détruit l'image banale de « l'aide » ; aucune écoute, en particulier, ne peut opérer la modification (on retrouve le point de retournement).

Quelle est donc la fonction de l'écoute ? Paradoxale.

L'écoute laisse dire : en sorte que, par elle, le scénario « fait surface » ; le scénario réel, dissimulé sous les transpositions, diversions, répressions, etc. Mais en même temps, l'écoutant est là, il est quelqu'un là, qui prend nécessairement place dans la « réitération » actuelle. Il est à la fois celui qui écoute — à distance — et celui qui est dedans.

Il doit garder sa distance ; jusqu'à se faire, en un sens, absent : à la place où le « scénario » veut le mettre, *il n'y a personne*. Mais cette absence est la présence même, puisque cet écart irréparable par rapport au « scénario » dit : *il y a quelqu'un*, et qui ne se réduira pas au jeu inscrit.

Si l'écoutant perd la distance, il entre dans le cercle ; quels que soient ses intentions, discours, interprétations, etc., il n'est rien, le scénario agissant est tout. Mais s'il était seulement distance, il serait absolument sans efficace. Il serait hors du champ de relations où l'écouté peut trouver à se faire entendre. Et, en fin de compte, il rejoindrait le cas précédent : prenant place, dans le scénario, comme l'indifférent, l'ennemi, l'étranger, l'observateur — quelque figure emmurée d'hostilité ou de toute-puissance.

On peut penser que la place de l'écoutant est intenable. Elle l'est en effet, à strictement parler : c'est-à-dire qu'on ne peut la *tenir*. Il est dedans *et* dehors, par rapport au « scénario » de celui qui est là et qui lui parle. Dehors, il le délie de la place fixée et par suite de toutes les places du scénario, et du scénario même. Ailleurs est possible. Mais il ne le peut qu'à être dans le scénario, qu'à en jouer, éventuellement, tels et tels rôles ; non, en vérité, qu'il les « joue » lui-même, mais il accepte d'être là où celui qu'il écoute le met. Il est ainsi possible, avec lui, de répéter une relation, de façon telle que cesse la contrainte à la répéter.

L'écoutant n'est ici maître de rien, en particulier du « rôle d'accrochage » qui permettra à celui qui est là de l'inscrire dans le scénario. Ce rôle peut être positif — rôle « aimable » — ou négatif — objet de haine ; avec tous les glissements. Il est essentiel que l'écoutant demeure inentamable. S'il est l'objet d'amour, il ne prend pas pour lui l'amour offert. S'il est objet de haine, il est lui-même sans haine, sans angoisse, constant dans son attitude. Et cette attitude est d'être *proche* de celui qui vit, avec lui, le passage éprouvant. Inentamable ne veut pas dire indifférent. Au contraire, est plus que jamais nécessaire cet « amour » apparemment très étrange qui est immanent à l'écoute. C'est de cet amour que l'écouté se nourrit pour passer.

L'écoute ne va pas là nécessairement. Elle peut y aller. Et, si elle y va, c'est par un mouvement propre, immanent ; il signifie que celui qui est là est dans la nécessité de passer hors de ce qui tenait en lui place d'ordre premier et qu'il pressent en lui la puissance de le faire.

On n'y peut rien forcer. Il est assez redoutable de l'interdire. Mais il est certain que l'écoute y dépasse l'écoute, telle que banalement on l'imagine. Ecouter c'est être *dans* le drame, peut-être extrême, que vit celui ou celle qui est là ; y être comme n'y étant pas. Ecouter, c'est alors donner une autre place. Relation neuve (toujours neuve, à chaque fois), l'écoute invite à une place neuve : celle du travail de vérité, là où il est fondamentalement sans danger, parce que l'écoute l'autorise. C'est la fin de la répétition morte. Il y a différence capitale entre cette place neuve et les changements de rôle dans le scénario. L'écoute est « une autre histoire ».

Mais du coup, l'écoutant prend un rôle et une puissance incomparables. Il paraît comme « l'avocat », celui qui défend contre toute la force accablante du scénario et de ses personnages — l'écoutant n'est-il pas celui qui prend le parti de celui qui est là contre tout ce qui l'empêche de venir à son propre « jour [1] » ?

1. Avec le risque, il est vrai, de paraître aussi l'accusateur ! Les deux rôles se touchent.

D'où la tentation, peut-être, pour qui écoute, de prendre en effet la défense du moi de celui qui parle ; fatalement contre « les autres », qui font figure hostile. (Ainsi le thérapeute soutiendra son client — dans le lieu clos de son écoute — contre les autres membres de sa famille.) Mais peut-être faut-il, à travers la parole de celui qui est là, écouter tous les acteurs ? Etre envers eux tous l'écoutant ? Pour que soit dépassé, non telle place, mais le scénario tout entier ? Et que ce soit la fin finale de toute l'ancienne histoire ? Alors deviendra possible, à qui parle, de faire en lui la différence entre ces gens eux-mêmes, tels qu'ils sont, tels qu'ils furent — et leur rôle dans le scénario, l'image d'eux tournée vers lui. Et de ne pas confondre la haine, le rejet qui peuvent lui être nécessaires envers le rôle et l'image avec la haine meurtrière de la personne *réelle*.

Aussi bien, comme j'ai dit, ne s'agit-il pas d'un triomphe du « moi » sur les autres personnages de l'histoire ; car, si l'on en reste là, le moi demeure un de ces personnages, la puissance réelle du « scénario » n'est pas supprimée, il y a seulement déplacement, peut-être suivi d'un retour accablant à la situation initiale. Ce qui est en cause est un changement de *tout l'ensemble*, la fin du scénario, un changement, pas seulement de contenu, mais de style et de nature ; une sorte de changement d'univers. Mais attention ! Pas du tout comme quelque chose « d'objectif » qu'on pourrait « traiter » à distance, théoriser ; ce n'est que dans le travail de vérité, allant d'obscur au plus obscur, qui se fait en qui le fait. Pas de survol !

L'écoutant peut être mis en une autre place, bien plus redoutable : celle de Dieu. Ne faut-il pas être Dieu pour *laisser toucher* aux « premières choses » de la vie et de l'être ? Ce sera, le plus souvent, sous d'autres noms ou sans nom ; mais enfin, avec la puissance divine ou quasi divine. Ainsi du fameux « sujet supposé savoir ».

Or l'écoutant ne peut ni refuser cette place ni, bien entendu, s'y tenir. La refuser serait mettre celui qui l'y met dans le vide intolérable, sans ce recours qui lui est maintenant nécessaire : quelqu'un sait, quelqu'un peut. S'y tenir, personne n'y songe ; mais on peut n'y pas songer et secrètement le désirer, s'y fixer. Et toutes les dénégations n'y feront rien. Dans le nouveau scénario, il y aura cette place absolue, pour celui qui s'est présenté comme écoutant ; il sera le Verbe de la nouvelle religion. Cela s'est vu.

Ou, plus modestement, l'écouté ne pourra se délier de cette place *provisoire* où il était envers l'écoutant. Forme perfide de la répétition de la répétition.

En tout cela, comme j'ai dit, l'écoute excède l'écoute et l'écoutant se trouve embarqué dans une aventure où compte ce qu'il est ; entendons, non pas son « moi », mais sa manière d'être au monde et aux hommes. C'est cela qui agit, par son silence accueillant comme par sa parole écoutante. Il n'est donc pas maître, en tout ce qu'on vient d'évoquer. Sans doute n'en est-il même pas conscient. *Cela se fait.*

Et il est qui il est par le « scénario » (décidément, le mot est mauvais) où il y a pour lui venue au monde et même à vivre. C'est de cette rive qu'il peut faire signe — par son écoute même — pour dire que passer est possible.

C'est ouvrir une bien grande question : où doit être, pour lui-même, l'écoutant, s'il veut écouter jusque-là, où l'écoute *dit* quelque chose de décisif quant aux « premières choses » ?

Ce qui se donne à entendre

Les relations premières

Peut-on, ici, en dire plus ? Qu'est-ce qui se donne à entendre ?

Les relations premières, telles que nécessairement elles existent, dans ce qui fait la condition de l'être humain. Tout humain est fils ou fille. Il a, ou n'a pas (l'un et l'autre importent), frères ou sœurs. Grandissant, devenant adulte, il peut être homme d'une femme, femme d'un homme — avec toutes les variantes de cette relation (y compris les changements « d'objet »). Il peut être père ou mère. C'est-à-dire être en la situation de ceux dont d'abord il a dépendu pour vivre. Ces relations sont liées aux premières nécessités de l'homme : être conçu, naître, être nourri ; qu'on lui parle, qu'il parle, avoir un nom ; être « un parmi d'autres », ses semblables.

Banalité — si l'on s'en tient à en parler en général. Mais le plus concret, le plus singulier, et de quelle force, dès qu'il s'agit de *quelqu'un*.

Qu'est-ce qui est en jeu dans ces relations ? La possibilité physique de vivre ? Pas seulement. Car, lié à cette possibilité, et en elle, se trouve quelque chose de l'ordre de l'amour, un amour tout premier, élémentaire si l'on veut : celui qui donne à l'être humain *une* place *parmi les humains* : qui lui donne, en effet, un nom et la parole ; un pouvoir-exister concret.

Il passe sans doute par les « proches » : le père et la mère, ou qui en tient lieu ; les frères et sœurs, plus largement tous ceux qui ont relation fraternelle. Mais ils sont beaucoup plus que ce qu'ils sont, réduits à eux-mêmes : toute la généalogie, toute la genèse doivent nourrir celui qui vient au monde — et, déjà, lui donner un monde où naître.

Cet amour n'est pas sans rapport à celui de l'écoute. Pourquoi ? C'est qu'il donne sans d'abord prendre *et se nourrit* d'agir ainsi. Il est, *en* qui le reçoit et le goûte, *lui-même*, comme d'abord donné à lui-même, et non confisqué, absorbé, dévoré — ou rejeté, exclu, vomi. Alors, la vie humaine ne commence pas dans le malheur d'être fixé-opposé aux autres, et, en soi-même, obsédé de soi, déchiré d'avec soi.

Le « faussement »

Ce n'est jamais parfait. La perfection ne serait d'ailleurs pas ce qu'on risque d'imaginer : un « amour » si bien

« adapté » qu'il fournirait au « sujet » tout le nécessaire pour vivre — un tel amour, en fait, voudrait *produire* l'homme ; rien de pis. Certains, qui dénoncent avec raison l'amour faussement comblant, ne voient pas qu'ils le remplacent par un amour « frustrant », mais très sûr de lui et de ce qu'il fait, et qui est finalement de même nature : l'amour prétend savoir et pouvoir tout en l'autre — même lorsqu'il joue à la belle abstention.

Ce n'est jamais parfait ; mais ce peut du moins être tel que l'homme y trouve chemin. La place qu'on lui donne est une place libre, c'est-à-dire : telle qu'il peut l'habiter comme il est, et parler, aimer, agir. Mais il arrive (comme on l'a vu) que cette place soit un malheur. Ainsi (donnons quelques exemples) : de l'enfant qui est *entre* ses parents, qui a charge de porter leur désaccord, de chercher leur conciliation, etc. Ou qui remplace le conjoint défaillant — fils unique de la veuve ou de la délaissée, fille aînée du veuf, etc. Ou qui est « pris pour un autre » : qui remplace l'enfant mort, dont on est inconsolable ; qui est traité en fille quand il est un garçon, ou l'inverse. Ou qui, de quelque façon, porte la charge qui n'est pas la sienne : la faute du père, par exemple [1], ou celle de la mère ; ou l'angoisse des parents (quand, par exemple, les aînés sont morts) ; ou les désirs des parents, quand ils sont relatifs à eux-mêmes (l'enfant doit les justifier, les venger, les achever en étant tel ou tel), etc.

Rien de mécanique là-dedans. Les situations de fait peuvent être vécues très diversement (tous les fils de veuves ne sont pas collés à leur mère, etc.). Les « places » ne sont pas définies de l'extérieur : une fille, par exemple, peut tenir place d'époux de sa mère, une grand-mère « être » le père du père, un fils être la femme de la mère. Etc. !

Mais la place effectivement, affectivement donnée peut être telle que la vivre soit à la fois intenable et nécessaire : on ne

1. Œdipe porte la faute de Laïos, son père. (Cf. Marie Balmary, *L'homme aux statues*, Grasset.)

peut pas être ce qu'on est. On connaît l'effet de la « double commande », contradictoire, du genre « soyez spontané » : elle plonge dans l'insoluble. Ainsi de dire, à un enfant : « Tu es paresseux, travaille davantage. » S'il *est* paresseux, comment travaillerait-il ?

Mais en vérité, dans le « faussement » évoqué ici, il y a toujours un processus comparable, et au principe : écart, sans solution, entre ce qu'est l'être humain — ordre de sa nature, d'une nécessité indépassable, par exemple : fils de ses parents ; et ce que le « scénario » prétend lui imposer : par exemple être l'époux de sa mère.

On sursaute, sans doute, à cette évocation ! Car — n'est-ce pas justement le « désir » du « sujet » ? N'est-ce pas par *son* propre désir — son narcissisme initialement sans mesure — que l'être humain se piège ainsi ? Mais le propre du « bon » scénario — des « bonnes » relations premières — c'est de justement permettre que tout ce qui monte dans l'être humain, désirs « fous », violence, angoisse, puisse être traversé, devenir vie humaine. Le « faussement », de quelque façon, l'empêche. Il contraint à ne pas dépasser ce qui, se fixant, est l'invivable.

C'est faussé — quand il y a insécurité là où devrait être la première assurance, parce qu'on est mis hors du pouvoir-vivre nécessaire. Et ce qui manque, et qui est obscurément cherché jusque dans les détresses et dérives extrêmes, c'est *cet* amour initial qui coïncide avec le désir de cette assurance. Mais ce peut être faussé à tel point que cette recherche même enfonce dans l'intenable. Alors, ce qui est donné à entendre est une souffrance odieuse à elle-même et à tous, un malheur qui se nourrit de lui-même, la répétition épuisante et toujours faussée du faussement initial.

Chemin d'homme

Sortir de là, c'est trouver chemin d'homme. L'écoute peut y servir, elle ne le fait pas.

L'effet de l'écoute, par rapport au « scénario », c'est régression. C'est renvoyer, de l'équilibre (si déséquilibré soit-il !) à l'histoire par-dessous qui porte cet équilibre — et peut le faire basculer. Mais *c'est* la progression réelle, *dès que* s'opère le retournement insaisissable qui fait qu'on « passe vers l'autre rive ». La progression est la fin de la répétition, elle est l'avancée *réelle* par-delà tous les circuits programmés, y compris sous forme de « progrès », où s'enferme le scénario. Mais elle s'opère par la régression en deça des fixations du scénario.

En ce travail-là, régression et progression ne s'opposent pas. Et quand on sait combien, dans notre culture, ces deux façons d'être au temps sont dissociés, on mesure la portée de ce bouleversement. (Notons : l'écoute n'est pas du tout neutre par rapport à ça, puisqu'elle offre le lieu de la progression, ce lieu où régresser est progrès.)

« Par-dessous » le scénario : le chemin réel (ou bien « au-delà » de lui, ou dans ses manques, failles, ratages, trous...). Il est, là encore, en un sens plus caché que la part cachée du scénario — *autrement* caché, comme un à venir sur lequel on n'a point prise, qui se donne, pour tout désir de penser et contrôler, comme le vide. C'est chemin d'humanité, par rapport auquel le scénario installé avoue ses effets de parasitage, déformation, perversion. Alors est possible la nouvelle affirmation, la suraffirmation, le rebond ; au point que *même si* le pire est arrivé, ce pire est sans force.

Quant au contenu de cette suraffirmation, il est clair qu'on n'en peut rien dire de l'extérieur. C'est un changement de tout à tout. Pas seulement un contenu différent, mais, comme j'ai déjà dit, un mode différent. Le simple changement de contenu laisse dans la répétition de la répétition. Le changement de mode situe autrement l'homme par rapport à sa condition et aux relations premières. Le temps est différent, comme en témoigne la régression-progression. L'espace est différent, spécialement l'espace humain : il n'est pas pris dans l'opposition d'un narcissisme, où le moi seul compte, et de la soumission « à l'autre » (quelle que soit la solution adoptée, y compris le compromis). On sort des scissions : individu et société, passé et avenir, symbolique et rationnel, corps et esprit, etc., etc.

Et l'on n'en a jamais fini de changer de monde. Le scénario, même tout plein de projets et d'utopie, était bouclé. Ceci est ouvert : il n'y a pas de survol de la voie, il n'y a pas de carte du pays. On sort enfin du toujours-su-d'avance. Mais il n'y a rien d'aussi éprouvant pour l'homme *produit* par la répétition ; y compris, s'il faut le redire, la répétition de l'évanescence, de la fuite en avant, de l'hyper-critique, de l'expansion, etc., etc. On comprend que passer là fasse peur : car c'est définitivement vivre comme passant.

Tout se perd et tout se retrouve. Tout ce qui était vif et capable, que portait le scénario, peut réadvenir en ce pays nouveau ; mais autrement, mais dans sa vivacité pure. Voilà qui sépare à la fois des retours et des pertes. Là aussi, tierce voie qui n'a rien à voir avec un mélange ou un arrangement. C'est *d'ailleurs*.

Cela vaut des humains. Ceux qui nous ont été présents, de façon ambiguë, bonne et mauvaise, dans notre personnelle genèse, nous avons à les laisser mourir. Nous avons à accepter leur échec, à renoncer définitivement à « résoudre leurs problèmes ». Faut-il dire : les tuer (et d'évoquer le « meurtre du père ») ? Nous avons certainement à mettre fin en nous à ce qu'ils sont dans la relation qui nous tue, en tout cas nous empêche ou nous détourne de vivre notre propre vie. Mais, comme j'ai dit, cela ne va bien qu'à distinguer eux pour eux-mêmes et eux visages-vers-nous ; eux tels qu'ils sont et eux tels que fixés pour nous, à tel et tel moment du scénario.

Alors il est possible de leur laisser la bonne mort — et d'hériter, autant qu'il est possible. Car l'envers du scénario est : qu'ils périssent avec lui ; mais l'endroit ultime est : que nous puissions nous réconcilier avec eux, en ce point où la vie nous est donnée, nous est don. « Honorer son père et sa mère », comme le veut la Loi, c'est : vivre, parce que c'est par ma vie qu'ils sont justifiés. C'est reconnaître ce qu'ils ont subi et ce qu'ils ont sauvé, et se laver ainsi de tout ressentiment. C'est accomplir leur vœu, peut-être inconscient, pour cette part qui est ma vie propre. C'est : qu'ils ont eu raison de vivre et de s'unir — pour m'enfanter. Ainsi vient la filiation enfin positive. Mais sans doute n'est-ce possible que si père et mère deviennent pour moi porteurs de ce qui est « au-delà d'eux », cet archaïque advenant où se connaît l'humanité de l'homme.

Ai-je tout dit ? Ai-je au moins tout nommé ? Certes pas. J'assume d'avance les trous, les manques peut-être graves. De toute façon, je n'ai rien « développé », comme on dit. Consolation : le pire ici serait de croire qu'on a dit tout, ou même que c'est possible. L'important, si l'on dit, c'est seulement de servir à ce que l'oreille écoute... ce qu'elle n'a pas encore entendu.

Le tiers parlant

On va soulever ici un point troublant. L'écoute écoute ; ce faisant elle dit, même dans le pur silence, que « c'est possible ». Soit. Mais, du côté de l'endroit, du chemin qui se commence, est-ce suffisant ? Est-ce toute la parole nécessaire ? Ne doit-il pas y avoir *l'autre lieu*, où se donne à entendre la parole instauratrice, qui donne sens ? Et la parole égale, à laquelle je réponds ? Ne doit-il pas y avoir l'amour et l'amitié, et sans la dissymétrie où paraît-il se tient l'écoute, sans la réserve et le retrait de l'écoutant ?

Question du tiers-parlant. Elle peut se poser en thérapie quand, par exemple, ce qui *maintenant* est utile ou nécessaire pour aller plus loin, c'est une relation, toute autre qu'en thérapie, où prend forme le nouvel espace, le nouveau mode de vivre. C'est seulement ainsi qu'à la place du scénario fixé vient *dans la réalité* une histoire neuve, un pouvoir-vivre différent.

On pourrait se contenter de le signaler ; ou même n'en rien dire, puisque, semble-t-il, cela ne concerne plus l'écoute.

Voire.

Qu'en est-il de ce tiers-parlant *par rapport à l'écoute*? Dans certains cas, il parle « hors de l'écoute », en ce sens qu'il réintroduit, ou prétend réintroduire, ce qui dans l'écoute précisément se dépassait. Il ramène en arrière. Cas de ces gens « en analyse » qui souffrent de ne rencontrer personne, hors de l'analyse, avec qui ils puissent parler, être reconnus, être entendus ; et être aimés tels qu'en eux-mêmes, enfin ! Et — n'est-ce pas toujours le cas ? Au moins en ceci : que hors de la relation d'écoute, il y a toujours comme une perte, une moindre présence, un compromis avec la réalité ?

En revanche, il arrive que certains demandent l'amour, directement l'amour et *dans* la demande d'écoute même ; et pas l'amour que l'écoute donne, en gardant distance, mais l'amour plein, réciproque, égal, chair à chair, sans distance. On peut dire, on doit dire même, si l'on est en fonction d'écoutant, que l'écoute doit distance garder et ne surtout pas glisser par là. Réponse de prudence et sagesse, ou de simple déontologie. Mais elle n'épuise pas la question. Car il est bien vrai que la demande première et ultime est demande d'amour — et sans réserve. Et que l'écoute a à se situer par rapport à ça.

Quel amour donne l'écoute ? Je l'ai dit « étrange ». Car il est hors des amours de divers scénarios : érotiques, religieux, humanistes, etc. ; il est l'écoute même. L'écoute entend la demande d'amour. Ce qu'elle donne (je crois) c'est finalement que cette demande — devenue réelle d'être entendue — est l'amour premier déjà reçu, sans aucune détermination possible.

Mais c'est référer l'écoute à cet amour premier, c'est en quelque sorte situer l'écoute dans un plus vaste, où elle apparaît comme un moment, comme une forme de relation — elle n'épuise pas tout (il s'agit, toujours, de l'écoute tel qu'indiquée tout au début, avec sa dissymétrie). Mais qu'en est-il de ce plus vaste ?

La question est d'autant plus forte qu'elle atteint à plein

le tiers-parlant. Celui-ci excède l'écoute décrite, il n'est pas le pur écoutant. Il est ami, amant, poète, philosophe, prophète, chercheur, créateur, meneur d'hommes, etc., etc. Mais qui doit-il être pour ne pas être au-dessous de l'écoutant ? Pour ne pas rejouer quelque scénario défait ? Pour ne pas d'avance dénier ou réprimer le pouvoir-être in-ouï qui commençait à se dire en l'écoute ? Et il ne suffit pas de tenir des discours éclairés du côté psy, ou même d'avoir fréquenté la chose, pour ne pas retomber en ce dont l'écoute était la fin.

Qu'est-ce à dire ? Qu'est-ce qui s'ouvre là ? Quel rapport avec cet archaïque dont j'ai parlé, cet « avant les parents » mais présent en eux, la généalogie, la genèse du « monde » où je suis ? L'écoute en viendrait-elle, au moins en certains, plus durement placés, à ébranler les assises du monde ? Et qu'y devient l'écoutant lui-même ? Vers quoi, en quoi est-il emporté ?

Et est-ce que cela n'a point rapport aussi avec une autre question nécessaire : qu'est-ce qui assure l'écoute de l'écoutant ? Qu'est-ce qui est en *tiers*, quand il écoute celui qui lui parle, pour lui donner s'il se peut la bonne oreille ?

Cette question-ci paraît moins dure ; on pressent réponse. Il se pourrait, pourtant, que les deux questions soient la même. Allons voir ; ou plutôt — entendre !

III

Comprendre, ou peut-être pas

1. La fonction théorique

Primat (ou puissance) de la théorie

Qu'est-ce qui peut assurer l'écoute ? Car une très puissante assurance paraît lui être nécessaire. D'où vient-elle ?

De l'expérience ? Quelle expérience ? Celle pour l'écoutant, d'avoir lui-même été écouté et entendu ? Sans doute [1]. Mais cela ne fait que reculer la question. Que faut-il avoir entendu pour entendre ? D'où écoute-t-on ?

Ne convient-il pas que l'écoute sorte de ce qu'elle a, limitée à elle-même, de retiré, entre tel et tel ? Il y aura un espace commun, une culture, auxquels l'écoute fera référence. Ce sera le lieu où d'entendre on passe à comprendre : c'est raison, connaissance réfléchie, science peut-être ; et communication.

Voilà, si j'ose dire, la pente pour nous naturelle où va le désir nécessaire d'assurer l'écoute. Car c'est la pente où va, massivement, notre culture. Nous y sommes si fortement poussés que nous ne la sentons même plus ! « C'est l'évi-

1. Ainsi, en psychanalyse, nul ne sera analyste qui n'ait au préalable « été analysé » — comme on dit.

dence » : entendre suppose que l'on comprend ce qui est dit, que l'on sait comment y réagir. L'objet et la méthode ; hors de là, la ténèbre.

La puissance du théorique régit la pratique même. Au point que « revenir à la pratique » peut n'être en fait que la revendication d'une théorie différente. Et l'expérience n'a force qu'à s'élever là : même le « cas individuel » n'est communicable que dans sa transcription théorique, qui le rend pensable, le tire du « fait brut » et de son isolement.

C'est lié à la vie sociale. Entendons par là que s'il y a fonction d'écoutant, socialement repérable, elle aura un rapport essentiel à la théorie. Il faut la compétence, et la compétence c'est comprendre, et le verbe du comprendre c'est la théorie. Même si l'on maintient que l'écoute ne vient que de l'écoute, et que, par exemple, la « psychanalyse didactique » importe plus que les « études de psychologie », reste que cela même peut être repris par la priorité du théorique dès qu'il s'agit de penser ce qu'on fait, de communiquer, d'apprécier l'expérience, etc. Et « didactique », là-dessus, n'est peut-être pas un mot innocent.

Je ne dis pas que cette puissance du théorique est absolue ; je dis qu'elle est très grande, au point (j'y reviens), de ne même pas se percevoir : c'est comme le lieu qu'on habite, c'est le présupposé jamais examiné, jamais vraiment entendu. Lors même qu'on le dénonce et le critique, on y est !

Les fonctions de la théorie

Si la théorie a ce rôle, il faut bien qu'il y ait des motifs.

Par la théorie, je ne suis pas seul. Je communique mon expérience, j'entends celle d'autrui, parce que nous avons langage commun. Il y a transmission, accumulation ; une sorte de condensé d'expérience disponible, au lieu que chacun recommence tout, tâche écrasante (on dira ainsi, par exemple : ce qui est théorisé depuis Freud permet d'entendre mieux que lui). Un enseignement est possible.

La théorie rend l'écoute contrôlable. Elle dit les repères. Elle organise la critique de la fausse écoute.

Elle permet d'anticiper. On écoute avec quelque idée de ce qui va se dire. Sans doute, on est prêt à l'abandonner, à entendre le déconcertant. Mais enfin, on n'est pas « la tête vide »; ni *excessivement* déconcerté par ce qu'on entend, avec le risque aussitôt de se boucher les oreilles.

Et c'est en fait par la théorie que peut se constituer telle ou telle fonction d'écoute. Elle n'y suffit pas — soit. Mais elle fournit le langage, les concepts, les constructions de la pensée où les compétences peuvent mutuellement se reconnaître. La fonction veut même une théorie de la fonction qui en dit la nature, la règle, les lois, et qui est inséparable de tout l'ensemble théorique, où s'explicite ce à quoi la fonction réfère. Hors de là, n'est-ce pas l'anarchie, l'incontrôlable, où n'importe qui fait n'importe quoi?

La théorie, c'est l'entrée de l'écoute dans la raison, dans le grand ordre de raison. Et c'est d'autant plus nécessaire que l'écoute laisse passage à tout, et donc au plus irrationnel. Pour qu'elle ne chavire pas dans la sauvagerie, il lui faut cette ferme volonté de raison, il lui faut comprendre.

Celui que j'ai nommé l'écoutant est alors tout proche du scientifique, du physicien, malgré les extrêmes différences de contenu et même de procédures, parce que du moins il a la même attitude: ce souci de comprendre, par une pensée critique et sans concession, qui laisse le fait se donner comme il se donne (le dire se dire comme il se dit), mais avec la volonté sans défaillance d'intégrer le divers fuyant des phénomènes dans la théorie qui les rend intelligibles — et permet de mieux les maîtriser.

Tel est du moins le rôle de la théorie tel qu'il s'impose, comme évidence, à beaucoup d'esprits.

2. La séparation théorique

L'après-coup

Voyons comment se présente le mouvement de la théorie.

Dans un tout premier moment, la pensée est encore immanente à ce qui vient se donner à entendre. Pensée encore vierge de savoir, immergée dans l'expérience, elle naît dans l'écoute même et l'accompagne ; elle est comme son après-coup non délié. Elle garde quelque chose de sauvage, d'inchoatif, d'ouvert. Elle est au bord de l'inconnu, vulnérable à ce qui vient. Ses constructions sont des aventures. Elle bouge. Elle bondit d'hypothèses en hypothèses, consciente de sa fragilité, mais sûre de ce qui, par l'écoute, lui donne force. Elle ne diffère pas, en son fond, de ces paroles risquées en l'écoute même, et qui proposent ouvertures, sens possibles, suites possibles, reprises où prend forme, où prend ordre, ce qui surgissait dans le chaos volcanique de la parole enfin déliée. Pensée offerte, qui ne retient rien, qui peut se perdre allégrement dans ce qui va parler au-delà d'elle ; comme l'écoutant se réjouit que sa parole puisse provoquer en l'écouté une parole qui va plus loin, ou contredit, mais qui parle et qui va.

C'est une pensée sans lecture, sans mémoire intellectuelle. Elle ne cite pas, ne répète pas [1]. Elle invente, au fur et à mesure, le langage nécessaire à ce qu'elle dit. Il arrive que ce soit par emprunts ; que ce soit incohérent ; mais cette pensée n'en souffre pas trop, puisqu'elle ne tient pas à elle-même. Elle ne prétend pas dispenser un savoir ; elle appelle seulement à entendre comme elle entend. D'où, si l'on écrit, la fraîcheur incomparable du texte. Il éveille la pensée, au lieu de la régir.

D'une telle pensée, on peut aller jusqu'à dire que, dans son mouvement pur, dans l'après-coup encore vif, elle ne produit pas d'objet. Elle ne fixe pas ce dont elle parle. Son effet de vérité est plutôt d'aider à faire cesser le faux-entendre. C'est pourquoi elle se tient en deçà de tous les débats intérieurs au champ théorique, comme d'opposer par exemple la compréhension, attentive au sens, et l'explication, soucieuse d'analyser les mécanismes, les chaînes causales. Elle n'est pas du tout une « phénoménologie », avec tout ce que celle-ci suppose d'arrière-pays, de théorie de fait du sujet et de primat garanti de la conscience. Peut-être est-elle plus proche du récit, voire du poème, ou du mythe, que de ce qui fait figure de savoir ou science. En vérité, peut-être est-elle impossible à situer dans les cases prévues de la culture ; ce qui ne contribue pas peu à la rendre instable, quand elle va subir la pression de la séparation théorique.

La séparation théorique : la coupure

Le premier moment du penser, c'est l'écoute elle-même en son après-coup. Mais dès le second moment, la séparation commence d'opérer : la pensée est dite, il y a texte, le texte fait effet de savoir. Alors il devient possible de commencer

1. Freud, sur le tard, avait la nostalgie de cette période merveilleuse de la psychanalyse, commençante par lui, « où il n'y avait rien à lire ».

par ce texte, pas par l'écoute. Et ce que donne alors le texte, c'est un résultat, c'est la chose attendue, c'est l'objet. Le texte change subrepticement de statut : il n'est *pas le même* pour celui qui s'y donnait d'entendre son écoute et pour celui qui y trouve l'objet à saisir. Si l'on n'y prend garde, ce qu'on écoutera, lorsque quelqu'un viendra pour se faire entendre, ce n'est pas ce qu'il dira, c'est le texte du savoir ; et ce qu'on entend, ce n'est pas sa parole, mais ce qui, à propos d'elle, peut se répéter du discours théorique préalablement appris.

Une fois la séparation théorique effectuée, la théorie se développe selon ses règles et ses appétits propres. Elle enfle. Elle occupe tout. Elle ne rêve que de tout savoir d'avance ; et de savoir par concepts, en sorte que l'intellect y soit chez lui et n'y soit pas troublé.

La vraie écoute — quel que soit son mode pratique — intéresse l'entier de l'homme ; elle est, en un sens, de chair à chair. Mais ici le corps disparaît. L'archaïque disparaît aussi. Il est, comme tel, pour toute raison établie, l'irrationnel ; il devient ici un savoir de l'archaïque, c'est-à-dire absolument autre qu'il n'est.

La séparation théorique, une fois faite, établit dans la satisfaction de comprendre, c'est-à-dire maîtriser. La terrible ascèse de l'écoute : n'être pas maître, ni de l'autre, ni en soi, on s'en trouve enfin dispensé. C'est pourquoi ladite séparation a tendance à venir le plus tôt possible, et finalement à précéder l'écoute même. On en arrive ainsi à renverser l'ordre de l'écoute réelle. Non plus écouter, écouter, et dans l'après-coup présent à l'écoute, laisser se dire la clarté inattendue ; mais savoir d'abord, savoir d'avance, et écouter ensuite, pour entendre l'idée du savoir, son « application ».

Et le pire, c'est qu'on peut avoir ainsi vécu l'écoute *pour soi-même*. C'est ainsi qu'on a été entendu, ou qu'on a cru l'être ; c'est ainsi qu'on entend en soi-même. Rien ne vient vraiment à l'oreille de ce qui demeure un ailleurs absolu. On le nomme « inconscient » ; on « l'explore » ; on « l'analyse ». Mais tout se passe « dans la tête » ; tout se fait à partir de la volonté et la prétention de comprendre. Qu'il faille passer sans comprendre, que la vraie traversée soit obscure et sans survol, voilà qui est — incompréhensible !

Mais le pire du pire, c'est que si la séparation théorique est ainsi initiale, elle est invisible. Ceux qui s'y trouvent pris n'imaginent pas ce que peut être, autrement, l'écoute. Car la théorie théorise tout, y compris ce que je viens de dire ! Théorie du primat de l'écoute, théorie du non-savoir, théories de la non-théorie ; théories.

Ainsi la parole censée donner l'écoute s'en va, de par sa coupure invisible, vers ce genre de parole « vaine », évoqué plus haut, bavardage intarissable, savant, brillant peut-être, mais inconsciemment étranger à ce dont il parle.

La courbure

La séparation théorique a deux effets qui peuvent devenir assez pervers.

D'abord, tout le théorique est en l'écoutant ; de l'autre côté, seulement le donné à interpréter. Si donc l'écouté « théorise », s'il a sa façon d'interpréter ce qu'il vit, ce n'est entendu que comme symptôme ; ou c'est même renvoyé au discours vide, qui ne va pas à l'écoute.

Ainsi la théorie immanente à la parole qui se dit est supprimée par la théorie de l'écoutant. Mais peut-être serait-elle *à entendre* ? Peut-être est-elle le lieu où peut se faire, maintenant, un travail réel de vérité ? Quelqu'un parle philosophie ; c'est idées ; c'est à distance du nœud obscur. Mais il arrive (je l'ai entendu) que ce soit la manière, actuellement accessible, de pressentir ou reconnaître ce nœud, de déplacer déjà l'attitude, en sorte qu'on puisse s'approcher d'une vérité plus rude. Si quelqu'un passe, par exemple, au sein de son propos philosophique, d'un système absolument clos à une interrogation sur la possibilité même d'un tel système, ce qu'il *dit* peut être porteur de la démarche qui lui est nécessaire.

D'autre part, la séparation théorique risque, si je puis dire, d'enfermer l'écoute dans le négatif. J'ai dit plus haut que le plus inconnu était « l'endroit », c'est-à-dire ce que celui qui est là, donnant sa parole à entendre, fera de sa vie quand il aura passé le trouble où le met la traversée de « l'envers ». Mais cet inconnu demeure inconnu pour la théorie ; il correspond à cette « synthèse personnelle » dont Freud disait bravement que « l'analyste » n'a pas à en connaître, parce que c'est « au sujet de s'en charger ». Le connu, c'est plutôt ce qui concerne « l'envers » ; c'est de ce côté qu'on peut s'imaginer, dans la diversité infinie des paroles, parvenir à fixer quelque « objet » à théoriser. Si donc ce qu'on anticipe de la parole à entendre, c'est ce que la théorie a construit, alors cette parole est comme fixée d'avance dans l'envers et la répétition.

Recourbement et clôture. Tout le sérieux de l'écoute, c'est fouiller dans les décombres. A la limite, la vie, c'est de se passionner pour cette tâche-là, de s'y tenir. L'écoute ainsi *comprise* mène à quelque chose qu'on a du mal à définir : c'est plus qu'un savoir, une profession même ; c'est comme une religion, c'est la connaissance des mystères, c'est l'œuvre essentielle par où les initiés se séparent des aveugles.

Or l'écoute devrait ouvrir, à qui est entendu, l'espace libre, imprévisible, insu de l'écoutant. A se recourber sur le prétendu savoir, elle tend à éliminer la parole qu'elle entend. Elle a quelque chose de meurtrier, et de façon perverse, puisque c'est en ce lieu même où la parole peut enfin se dire.

Et ce « mal théorique » se renforce de se communiquer. Il finit par commander l'espace où l'on parle *de* l'écoute. Alors tout ce qu'on en dit, et même l'étude de cas, et même le contrôle mutuel, reste dans le cercle théorique. Rien, finalement, ne touche l'écoute même. C'est un jeu : pour y tenir, il suffit de connaître les règles du jeu, qui sont règles de langage — celui de la théorie. Malheur à celui qui va parler autrement, parler simple, dire les choses, au lieu de leur commentaire préétabli. Il trouble ; on le juge incompétent.

Mais ceux qui se tiennent ensemble en le discours théorique, comment pourront-ils s'écouter les uns les autres ? Comment leur relation entre eux ne serait-elle pas une fondamentale hostilité, s'ils se veulent en l'écoute et ne s'écoutent pas ?

La répétition du mal théorique

Comment éviter le « mal théorique » ? Eh bien, en en faisant la critique... c'est-à-dire la théorie [1] ! Auquel cas, nous retrouvons ce redoublement de la séparation théorique, déjà indiqué.

La théorie dira, par exemple, que l'écoute se fait « d'inconscient à inconscient », ce qui est impitoyable pour la séparation théorique. Mais celle-ci s'en empare, elle s'installe *inconsciemment* dans un savoir de l'inconscient censé avoir prise sur l'inconscient de l'autre. La théorie est impitoyable, encore, pour tout ce discours « psychologique » qui s'installe naïvement dans une prétention de science, où tout est comblé d'avance. Mais par une pente quasi fatale, elle reprend et renforce la prétention, elle rêve d'une prodigieuse « mathesis » de l'inconscient lui-même.

Il est beaucoup plus malaisé qu'on ne pense de sortir de la séparation théorique. Elle se répète indéfiniment, tant qu'on n'a pas trouvé un autre lieu que le théorique pour la nécessaire communication de l'écoute. Et il est à pressentir que cet autre lieu n'est jamais établi ; qu'on ne peut s'y fixer. Le glissement est toujours possible, la coupure se fait si aisément !

L'écoute doit veiller sur l'écoute.

---

1. N'est-ce pas ce que je suis moi-même en train de faire, ou de tenter ? La question vient ici tout naturellement, mais elle ne s'éclaircira que plus tard.

3. Le destin du penser

Théorie et parole

Où va ce qui précède ? Au rejet, au mépris de la théorie ? Mais mépriser la théorie, c'est risquer de mépriser ses fonctions. C'est par exemple faire comme si l'on était seul ou premier à entendre ; ne se fier qu'à soi, s'isoler, ne jamais se soumettre à la critique, ne jamais confronter son expérience avec celle d'autrui. C'est, peut-être, mépriser la pensée ; verser dans l'éloge de l'irrationnel ; condamner comme intellectuel et cérébral tout ce qui mettrait ordre, critique, jugement en ce qu'on prétend vivre.

Inutile de souligner les dangers. Se borner à mépriser la pensée, c'est ouvrir la porte à n'importe quoi. Ou ce peut être la peur d'une mise en forme, d'une élucidation qui révéleraient le système caché, la théorie d'autant plus sourde et intraitable qu'elle n'est jamais clairement dite, qu'elle refuse de s'assumer telle : elle a perdu la naïveté, pas la prétention au pouvoir.

Il doit y avoir un autre chemin.

Il commence, il me semble, par ce constat simple : la théorie est parole humaine. Elle mérite donc, comme toute parole, d'être entendue. Sans doute, elle ne se présente point comme la parole de celui qui, *pour lui*, désire l'écoute. Mais, à voir l'immense désir des auteurs ou des enseignants d'être entendus, l'on se dit que la différence n'est pas absolue ! De toute façon, ce qui convient à l'écoute en telle ou telle situation, doit bien avoir rapport à ce que *toute* écoute exige. Voyons donc ce que c'est qu'entendre la théorie. Il y a je crois, et en simplifiant, deux façons.

La première est comme installée dans la séparation et la clôture théoriques. Elle peut prendre deux formes opposées.

Ce peut être l'écoute-assentiment à la parole du maître. On n'y a souci que de comprendre, apprendre, répéter ou réitérer. On s'y efface, on s'y anéantit, au profit de celui qui parle — et qui sait. Mais celui-ci risque de disparaître à son tour dans *le discours au neutre* où il se perd. L'écoute de la théorie en tire argument pour se différencier de l'attachement passionnel à la personne qui parle : on est dans la raison, pas dans les élans du cœur. En fait, l'attachement peut être simplement masqué ; ou bien le discours théorique tout entier devient le masque de ce qui ne peut s'y présenter (je rappelle qu'il s'agit, bien entendu, d'un discours dont l'enjeu ou l'objet est l'écoute).

Il se peut, au contraire, que l'écoute soit d'emblée l'écoute-critique, où la théorie est perçue comme un objet offert à la discussion et à la controverse. Mais la controverse est un théâtre d'ombres car la parole d'autrui n'y est pas prise pour ce qu'elle *dit*, mais pour la prise qu'elle offre à la critique. On n'y *écoute* personne, on est à la tâche de vaincre la concurrence, de s'égaler ou dominer, de prendre enfin la place du maître. Ou bien l'on se tient dans le retrait, dans la place volontiers ironique, détachée, de celui qui apprécie sans se mêler, qui en sait assez pour n'avoir pas à se battre — position encore plus inatteignable que celle du maître : on n'a même pas à la défendre.

J'ai dit que l'écoute-assentiment et que l'écoute-critique s'opposaient. C'est évidemment relatif ; mais assez fort pour masquer leur proximité, leur complicité : ce sont deux modes d'un même malentendu. La façon vraiment autre d'entendre la théorie change la fonction du discours, les places et les relations qu'elle induit. Elle met la théorie dans l'espace même de l'écoute.

Cela vaut, d'abord et rigoureusement, pour l'écoute que le théoricien a *de sa propre théorie*. Sinon, la théorie va se constituer en parole faussée. Même si elle dit des « choses vraies », le rapport de celui qui les dit à sa parole est faux et contamine tout. Et il va de soi que cette écoute immanente à la théorie la travaille de l'intérieur, conduit son style, la rend plus ou moins apte à être bien entendue.

Le statut premier de la théorie, c'est alors d'être *comme* une parole de l'écoutant — non pas pour en joindre l'imaginaire pouvoir, mais au contraire pour en approcher l'humilité. C'est comme une interprétation proposée, interprétation longue, sans doute, et publique, mais dont l'effet de vérité n'est pas, en son fond, différent de celui de la parole risquée dans l'écoute même : et qui n'est pas de produire l'approbation, mais d'éveiller, sans en rien maîtriser, la parole et l'écoute. Et en un sens finalement rigoureux, c'est celui qui entend la proposition théorique qui, par ce qui alors s'entend *en lui*, sait ce que dit la théorie. Ou encore : c'est ce qui maintenant lui parle en elle, qui sait ce qu'elle dit. Sens échappant, multiple, foisonnant. C'est-à-dire : la théorie devient parole, quand celui qui l'écoute remonte, en elle, en deçà de la séparation théorique.

Alors, entendre la théorie, c'est entendre en elle ce que celui qui la dit ou l'écrit a entendu ; ou mieux, c'est entendre comme il entend, c'est rejoindre son lieu d'écoute, ou s'en approcher. En un sens, c'est entendre quelqu'un, celui-là qui est l'auteur de la théorie ; mais l'entendre comme écoutant. Et, si la théorie est en un sens « abstraite », si elle ne se borne pas à narrer, c'est à la fois pour concentrer la diversité des expériences qu'elle porte et pour s'offrir à la diversité des expériences qu'elle va rencontrer. Son « abstraction » n'a pas pour fonction de tout réduire et enfermer, mais de la rendre plastique, disponible, *utilisable*.

Du coup, celui qu'on entend ainsi n'est pas celui qui, par son texte, est objet pour l'histoire, l'exégèse, etc. Le rapport avec lui est autre ; étrange et libre. C'est se faire proche de son écoute, non étudier son produit. Bien entendre la théorie est ainsi la faire revenir vers sa source, peut-être même jusqu'à l'oublier. La théorie donne son fruit, quand je ne suis plus *pensant à elle*, mais, de l'avoir traversée, plus entièrement présent, en l'écoute, à *ce que j'entends*. Ainsi le danseur dansant et le pianiste jouant ne pensent plus à ce qu'ils ont appris ! Ils sont danse et musique. Naïveté seconde ; écoute pure paradoxalement armée.

Ce qu'entend l'écoute de la théorie [1]

Si j'écoute la théorie, qu'est-ce que je vais entendre ? Ne va-t-il pas se passer l'analogue de ce qui avait lieu, quand j'écoutais celui qui simplement venait pour se faire entendre ?

Alors il y aura, par exemple, le langage vain, l'intarissable ressassement des mêmes choses, toujours répétées, toujours republiées ; ce prodigieux bavardage sur le psychisme et l'inconscient, qui n'en finit pas de s'épuiser. Il y aura aussi, peut-être, la parole pleine, qui directement parle à ce fameux « inconscient » ou, disons mieux sans doute, à la jointure et fracture du conscient et de l'inconscient. Mais — mais — cette parole a-t-elle le statut théorique ? N'est-elle pas une parole à moi dite, à moi donnée, ici, maintenant, me touchant au vif, en ma chair — bien au-delà du discours au neutre qui semble la forme nécessaire du théorique ?

Et que penser de l'entre-deux ? De ce moment où la parole

1. On pourrait parler d'« analyse de la théorie », au sens de « remontée vers » ce qui est en jeu au principe de la théorie. Mais le mot analyse est trop chargé d'ambiguïtés…

« plonge » et quitte l'espace clair et balisé pour assumer le grand risque, habiter l'obscur ? Cela aussi paraît étranger à la théorie ; n'est-elle pas raison et clarté ? Mais ne peut-on l'y entendre ?

Prodigieuse béance. Dont il faut marquer la différence d'avec la critique théorique de la théorie : celle-ci applique ses concepts et ses méthodes ; celle-là, la béance, laisse monter, laisse se dire, en la théorie qu'elle écoute, tout ce que réduit la fausse écoute, la répétition morte. Concrètement, la différence est sans doute difficile à tenir ; je maintiens qu'elle est essentielle, même si, en le peu que je vais dire, je suis incapable de la garder avec justesse !

Comment par exemple, penser le concept d'inconscient, puisque c'est un concept négatif qui ne se définit que par la conscience ? Et quelle conscience ? Et des concepts comme pathologie, sexualité, ne sont-ils pas aussi, à leur manière, des concepts négatifs ? Car le pathologique réfère au normal comme à la norme manquée ; et la sexualité au sexe, qui est coupure, en sorte que l'homme-et-femme y est d'abord rupture. Que signifie le statut *négatif* des concepts quand, de simplement entendre, on passe à la théorie ? Quelle opération se dissimule-t-elle là ? Y aurait-il, ô paradoxe, un « inconscient » proprement théorique ? C'est-à-dire quelque chose qui, de sa nature, échapperait à la conscience théorique, mais lui serait pourtant présent et nécessaire ?

Quel modèle de référence peut, ici, organiser la théorie ? Le modèle scientifique ? Mais, en ce qui est en cause dans l'écoute, il se pourrait que le modèle scientifique y soit comme habité de modèles antérieurs, philosophiques, voire théologiques, voire en deçà encore. Certains diront : les théories « de l'inconscient » sont des mythes. Mais c'est, par le concept de « mythe », prendre peut-être encore trop bien prise là-dessus. Le modèle *de l'écoute* pourrait être, cette fois, du côté d'une sorte d'inconscient historique (terme encore provisoire !) qui porte en lui les formes les plus archaïques des « voies » par où l'homme a pu supporter sa condition et surmonter, initialement surmonter, les grandes frayeurs primitives. Par-dessous la théorie, mais en elle, fonctionneraient des types de pensée qui nous sont devenus étrangers ; notre raison moderne nous en sépare un peu comme les lois du monde adulte nous séparent de nos enfances. Mais, séparée tout à fait de cet archaïque, la théorie ressemble à cette raison qui se prétendrait sans enfance (et la comparaison, en vérité, est encore trop faible !).

Voilà qui pourrait éclaircir certains malheurs de la théorie, voire certaines impasses. Si la théorie psychanalytique, par exemple, s'en tient à commenter, ramifier, préciser un savoir de l'inconscient, elle risque les effets de la séparation théorique, c'est vrai, mais elle demeure, si je puis dire, dans son milieu. Mais si elle va plus résolument vers ce qu'il en est de l'homme, c'est-à-dire vers ce qui, irrésistiblement, est engagé dans l'écoute, alors « l'inconscient théorique » et « l'inconscient historique » risquent de s'indiquer sous le symptôme de l'insoluble. Et cet « inconscient »-là n'est plus ce que le théoricien a en face de lui, comme objet ; ou même en lui, mais selon ce que sa théorie sait penser ; c'est l'inconscient qui travaille sa théorie même, en deçà de ce qu'elle peut appréhender.

Les deux séparations théoriques

S'il en est ainsi, la séparation théorique dont nous avons parlé est peut-être précédée d'une autre, beaucoup plus secrète. Celle-ci tient à une nécessité et, peut-être, à une angoisse.

La nécessité, c'est que penser ne peut se dire que dans un langage du pensable. Ce langage est déjà là. Il porte tout, toute la genèse d'humanité, toute la généalogie : telle est sa condition, quand il s'agit de l'écoute, puisque l'écoute écoute *tout l'homme*, tout humain en l'homme. Impossible de spécialiser, de partialiser, ici, le langage du pensable. La théorie de l'écoute est ainsi *habitée* de tout ce par quoi l'homme s'est rendu habitable à lui-même. Et ce n'est pas un fond intemporel, un réservoir d'archétypes où le nouveau savoir aurait accès. C'est aussi singulier, comme tradition, aussi obscurément agissant, aussi fortement séparé de nous par des résistances, que tout ce qui touche à « l'inconscient individuel ».

J'ai parlé d'angoisse. On pressent pourquoi. Aller par là, c'est littéralement réveiller le terrible, re-traverser les épreuves majeures de l'humanité ; et non au sein d'un monde (par exemple le monde moderne, rationnel, scientifique, etc.), mais comme en une fin du monde. Le passage à la théorie *peut* alors avoir comme fonction *d'arrêter ça*. Il témoigne que le monde est toujours là, il met fin à la terreur de la pensée.

Il y aura donc deux séparations théoriques : la première, ou primordiale, sépare l'écoute du vertige, en la reférant à un monde ; la seconde, ou secondaire, sépare la théorie de l'écoute même. La seconde prend évidemment appui sur la première, et la durcit à fond ; bien entendu, sans la voir.

Vers l'extrême

S'ouvre un champ immense ; une sorte de relecture, en vérité ré-écoute de ce que nous croyons connaître comme « cultures » ; mais, cette fois, par le chemin troublant de l'écoute même.

Nous pourrions nous y engager ; mais ce serait, il me semble, commencer une autre aventure. Si nous voulons nous en tenir à notre propos, peut-être y a-t-il une autre voie, une sorte de chemin court : aller directement, à travers le souci théorique et l'inévitable théorisation, vers l'écoute même. Ou encore, plus justement : refuser — en tout cas, essayer de refuser la séparation théorique ; penser en l'écoute même, jusqu'au bout. Aussi bien, peut-être est-ce là la tâche préalable à l'exploration du champ énorme évoqué ci-dessus, si l'on veut éviter de glisser hors d'écoute, vers quelque nouveau contenu de théorisation.

On juge l'entreprise déraisonnable. Elle l'est, radicalement. Car il faut bien quitter ici ce qui nous fait, banalement, effet de raison. Mais, peut-être encore, quelque chose de ce genre est-il toujours là, un rapport original à l'écoute que la théorie, bâtie selon nos coutumes, ne reprend pas. Et qui a rapport, il faudra voir comment, à ces « voies » premières évoquées plus haut, par où l'homme se sépare de la primordiale et totale folie.

IV

Ecouter écouter

1. Le point obscur

Au moment de la séparation théorique, quelque chose est écarté que la théorie ne peut récupérer. Car, par son mouvement propre, elle s'en éloigne. Point obscur. Non pas parce qu'il n'est pas encore éclairé ; mais parce qu'il est hors du champ.

Dirons-nous : le sujet ? Mais c'est encore nommer ce « quelque chose » en fonction de théories déjà là (sujet-objet, moi empirique et je de la pensée, etc.). C'est, quoi qu'on veuille, le définir. Or le point obscur échappe. Il demeure obscur pour la théorie et même pour ce qui se donne à nous comme conscience. On parlera « d'écouter avec l'inconscient ». Mais l'inconscient ainsi désigné n'est pas le point obscur lui-même.

On ne peut pas *placer* ce point-là dans le discours, j'entends le discours sur un objet, cet objet fût-il « le sujet » ! Car il ne s'atteint que dans le décalage, le changement complet de lieu qui déloge précisément de la position discourante.

Voilà qui éclaire, par effet de retour, ce que nous disions de la théorie ; et fait percevoir comment le mal théorique peut se redoubler dans l'effort de la théorie pour reconnaître cette échappée : elle dit, elle explicite — et elle anéantit le point obscur de l'écoute, à la mesure même de son affinement.

Ce point hors de vue est « l'ouverture de l'oreille », il ne s'indique que de l'écoute, de sa pratique originelle, de l'écoute simple ; cette écoute primordialement nécessaire qui précède et ne cesse de précéder toute théorie, toute maîtrise du savoir. Sur quoi se fonde-t-elle ? Du point de vue « théorique » — sur rien. Elle ne se fonde pas. Elle commence. Elle est origine.

C'est passer par-delà la théorie « négative » elle-même, qui est encore relative au théorique ; en sorte que, dès qu'on s'y fixe, elle risque de devenir un savoir, et spécialement perfide. Tandis que ceci déconcerte à fond. Ce n'est pas négation ; c'est, pour l'établissement du savoir, étrangeté. Terreur de la pensée ! Puisque cela même qui se présente comme origine *est* le point d'aveuglement — là où la théorie s'aveugle. Terreur, parce que c'est ressenti comme une présence dedans du tout à fait en-dehors.

D'où une souffrance, un malheur de la théorie. Elle est habitée, hantée de ce qui lui échappe ; quand elle ne souffre plus du tout, mauvais signe [1]. Mais il y a, bien entendu, moyen de faire cesser le scandale : c'est de faire *tomber dans l'objet* (sous le regard, sous la manipulation du sujet pensant) l'étrange obscur. A quoi, nous l'avons dit, tout peut servir, y compris un certain emploi de « l'inconscient ».

A ce point obscur écoutant correspond je crois, de façon décisive, le point de retournement, de « l'envers » vers « l'endroit » in-ouï. Aussi bien, de ce point-là aussi l'on ne peut *théoriquement* rien dire ; il est, lui aussi, hors toute prise. Il arrive ainsi que la relation d'écoute soit menée à cette nudité, par-delà tous les détours et détails des processus et des déchiffrements : l'urgence de ce passage pur, donnée à

1. Il y a, je crois, de cette souffrance chez Lacan. C'est une pensée torturée par cela même qui lui donne force : restaurer la parole (l'écoute) contre tous les scoliâtres.

entendre à qui ne peut que purement l'écouter. Que doit-il alors entendre en lui-même, l'écoutant, pour n'être pas meurtrier ? (Par peur, par indifférence, par hostilité envers ce pur étranger à tout ce dont il dispose...)

Versons-nous dans l'irrationnel ? Pas du tout. L'irrationnel est dans le champ de raison, comme ce qui défaille ou ce qui s'insurge. Mais le point obscur de l'écoute n'est pas dans ce champ-là. Il faudrait plutôt le voir proche de ce qui est le suprême effort de la raison : accepter d'être déconcertée jusqu'en ses principes, pour échapper à ce qui la menace le plus, et du-dedans, la rationalisation abusive, la fixation sur le déjà-construit, qui rassure. Toutefois, sur ce chemin-ci, ce suprême effort n'est-il pas comme un retrait ?

Passons-nous alors au silence ? En un sens, oui, et définitivement. Passage analogue à celui de « la parole qui ne va pas à l'écoute » à celle qui y va ; la première se tait. Mais la seconde ? Que pourrait-elle être ici ? Pourrions-nous passer *dans* le point obscur lui-même, nous enfoncer là et — laisser se dire ce qui se dit ? C'est soulever des questions si difficiles qu'elles peuvent paralyser tout mouvement. Prenons donc le risque d'écarter ces préalables écrasants et de tenter de dire — on pourra toujours apprécier *après coup*.

Il semble que ce qui se donne alors, c'est d'écouter l'écoute elle-même. Et ce qui s'annonce est le très simple, pourtant égal au foisonnement infini de la parole humaine. Le contenu n'est plus le discours théorique (restreint en son champ), c'est la richesse inépuisable des paroles, c'est tous les humains ; et c'est la parole entière, de tout le corps, pas seulement celle qui, fixée au *theorein*, ne réfère qu'à la vue.

Car écouter l'écoute, n'est-ce point entendre tout ce qui se donne à entendre ? Toutefois, pas comme un contenu dont on disposerait ; mais comme une immensité dont la présence est le point d'écoute lui-même, insaisissable.

2. L'espace innommé

Le décloisonnement

On pose la question : où ?

Car un point est dans un espace, tout de même !

On craint l'illuminisme, la fuite en marge, vers le flou, l'indistinct, le « numineux » — qui autorisent toutes les illusions. Mais le point d'écoute a toute la rigueur de l'écoute, aussi éloignée que possible de ces complaisances.

Le lieu semble d'abord se donner plutôt comme un décloisonnement. Tout communique. L'écoute, venant en quelque sorte à son degré second, se connaît hors de toute *localisation*. Elle ne relève pas d'un domaine parmi d'autres, pas même du « psy [1] ».

Cette fois, on craint le mélange, la « soupe » ou bien, autre image, ce discours en marqueterie fait de pièces et de morceaux empruntés ici ou là, et qui confond son incohérence fondamentale avec largeur de vue, œcuménisme, esprit de synthèse et autres dépassements.

1. Faut-il préciser que c'est justement par là que le domaine « psy » évite ce renfermement sur lui-même qui est peut-être sa pire menace ?

Point. Si c'est décloisonnement, c'est encore dans la rigueur de chaque instance, la rigueur poussée plus loin. Du côté psy, par exemple, ce n'est certainement pas d'arranger ou clore la subversion infinie qu'introduit l'inconscient, pas l'*idée* d'inconscient, mais sa présence montrée. C'est, au contraire, de ne pas arranger et de ne pas clore ; de tenir *plus longtemps* la dure inconnaissance, qui n'est pas du tout l'ignorance plate, mais son plus radical ennemi.

Si le lieu dont on part est quelque science de l'homme ; ou si c'est philosophie ; ou si c'est la religion et sa théologie ; ou le politique et la pensée politique ; ou la physique (pourquoi pas ?) — tout ce que j'en puis dire ici est qu'il faut s'attendre à une dérive implacable ; il faudra perdre le lieu connu, pas du tout pour le vague, mais par une rigueur qui le défait au nom de son exigence même, la plus profonde. Car si, de quelque façon, cela touche l'homme, il faut écouter et entendre ; et entendre c'est, nativement, perdre la catégorie qui juge (*catégorein*, en grec, c'est aussi et d'abord accuser).

C'est donc, d'où qu'on vienne, franchissement, passage hors lieu, hors de toute région connue ; voire hors « du monde », puisqu'il n'y a monde, pour nous, que dans un ordre qui répartit. In-définissable.

Décloisonnement n'est donc pas le mot juste. Il suppose que les cloisons sont d'abord là, puisqu'on les enlève. Mais ce qui se découvre à passer là, c'est ce qui précède le cloisonnement. Certes pas le chaos ; mais l'un d'où l'écoute est possible et autrement, non *par les catégories*, qui donnent à voir et saisir, mais *par les paroles* qui se donnent à entendre. En sorte que le nom, par exemple, y porte plus que l'idée.

On craint, cette fois, la magie suspecte de l'archaïque, du primitif. Et pourquoi pas l'âge d'or ou le paradis perdu ? C'est qu'on pense chronologie ; on imagine un retour en arrière, deux fois impossible : parce qu'on ne remonte pas le temps et parce que le passé rêvé n'est qu'un rêve. Mais s'il y a bien ici de l'archaïque, c'est dans un autre sens d'« arkê » : l'origine. Et l'origine n'est pas le commencement ; elle est maintenant et devant autant qu'en arrière. C'est à partir de là que nous pourrons peut-être entendre des dits qui sont effectivement anciens, pour l'historien, mais ne sont « vieux » que pour l'imaginaire de la chronologie.

Pour lors, le franchissement est nécessairement en avant ; il passe, hors des répartitions rassurantes, vers ce qui désassure sans pitié. Ce lieu-là est tout, le tout enfin non dénié : et il n'est rien, car, dans le jeu des mises en place disponibles, il n'existe pas. Il se perd, dès que nous le fixons quelque part. Il ne se montre que par le passage même, toujours à faire ; il n'est jamais localisé.

Dirons-nous : c'est l'homme, enfin délié de toute réduction et particularité ? (Et l'on craint, cette fois, les facilités de l'humanisme.) Mais qui dit « homme » réfère le plus souvent à une idée d'homme qui vient, ou d'une science, ou, plus tristement, de l'idéologie. (Rien ne prend si bien l'allure de l'évidence du vécu que le bavardage idéologique.) Qu'est-ce que nous savons de l'homme comme tel ? Et qu'est-ce qui nous assure qu'on pourrait définir ce lieu-là par l'humain ?

Espace et voie
(L'envers et l'endroit du monde)

L'espace « hors lieu connu » n'est pas neutre. Il est nécessairement orienté. C'est en lui en effet que commence le pouvoir être de l'homme ; il ne faut donc pas du tout le concevoir comme ce qui serait simplement donné à penser, objet face au sujet. S'il y a sujet, c'est naissant là. (C'est pourquoi toute écoute qui ne « décide » pas — décision non voulue, bien sûr — de se fermer, vient en un sens de cette orientation-là. La neutralité vaut pour les opinions, croyances, règles des mœurs, etc. ; pas pour l'originaire.)

On peut dire que cet espace est voie : à condition de le bien entendre, c'est-à-dire en ôtant de la voie tout concept de production, programme, processus, etc.

On peut reprendre ici le thème de l'envers et l'endroit. Mais l'enjeu passe en un autre ordre. L'envers qui s'annonce n'est plus individuel, comme « ma misère » qui se nomme enfin. C'est... l'envers du monde ! L'envers de ce que nous nommons culture, c'est-à-dire de ce qui, par l'ordre imposé, empêche de passer à l'espace libre. Et c'est par l'interdit le plus puissant : l'interdit de réalité. Il renvoie à la folie toute désobéissance.

L'envers dont nous parlons n'est donc pas, essentiellement, ce que ce monde lui-même désigne comme son mal : les diverses « crises » qui font, chacune à leur tour, la « une » des journaux. Ou qui, moins bruyantes, n'en requièrent pas moins l'attention des responsables : par exemple la crise de l'éducation. Ce sont là des symptômes, pas du tout négligeables certes, entre autres par les souffrances et les ratages qu'ils entraînent ; mais encore seulement symptômes. On peut en allonger la liste à l'infini et développer à l'infini leur analyse ; on peut investir toute l'énergie à « résoudre » ces « crises ». Pour ce qui nous importe ici, c'est tomber dans le piège : c'est succomber au symptôme que de ne s'occuper que de lui (un peu comme le « névrosé » dont toute l'existence tourne autour de l'obsession de ses obsessions).

L'envers doit se révéler plus étrange à ce que ce monde sait déjà, à ce qu'il connaît comme sien, dans son champ de conscience collective, et qu'il a défini, décrit, analysé par ses langages — même s'il se révèle totalement impuissant à mettre fin à ce qu'il décrit et analyse !

On songe alors à ce qui est en effet rejeté par notre modernité comme « fou » ; à ce qu'elle refoule ou exclut fondamentalement. C'est-à-dire, tout ce qu'elle met dans les catégories du non-valable : infantile, archaïque (ou primitif), pathologique — catégories dont on sait les proximités. Ce qui se trouve ainsi mis en l'enfer par la raison dominante pourrait être le verbe malheureux de ce qui, libéré, dirait le grand espace originellement orienté, où l'homme retrouverait naissance d'humanité.

A vrai dire, le thème est connu, il a même déjà beaucoup servi, et à toutes sortes de choses, dont les pires (le retour aux racines du peuple, à la force du sang...). Il est en passe d'être intégré à la culture dominante, par toutes sortes de biais ; par ses sciences de l'homme (ethnologie, psychanalyse — prise de cette façon) ; par ses engouements, ses modes : par ses peurs, ses besoins hâtifs de restaurer, retrouver, ressourcer. Fondamentalement, par son avidité à disposer de tout et à remplir tout l'espace disponible. C'est-à-dire que cette façon de « réhabiliter » l'envers n'*entame pas du tout* la façon qu'a notre monde de le refuser ! C'est une fausse acceptation, un jeu, une récupération suspecte.

Le dévoilement de l'envers de ce monde le bouleverse de part en part. Il dé-construit cela même qui donnait place à l'archaïque et l'exotique, il est la présence de ce qu'on tenait en vérité à distance, comme objet de savoir ou de jouissance. Il montre la folie, la folie en place. On peut la détailler de mille façons, du délire de l'économie aux prodigieux manques de l'éducation (on y apprend tout, sauf à être homme), de l'effondrement de la sagesse au fractionnement incontrôlable des savoirs et des pratiques, etc. Avec, en contrepoint, ces poètes, philosophes, artistes, mystiques si souvent renvoyés, depuis le XIXe siècle, à la « maladie mentale ».

Mais cela même peut être l'objet de discours : c'est « critique de la modernité ». Alors que, pour qui va vers l'envers, cette folie, c'est lui ; plus fortement : c'est son monde. Il n'est pas dans la belle position du surplomb : il est dedans ; c'est pourquoi il ne peut si gaillardement « condamner » la modernité, s'en faire dissident. Il en apprécie plutôt la force, il en porte les bienfaits, il est de cette aventure. Mais en même temps c'est folie. Et une folie bien autre que celle dont on disserte ! En vérité, elle ne peut se dire. Le manque de langage, déjà repéré plus haut, peut devenir ici comme absolu. Il faudrait sortir du monde : il faudrait re-commencer l'humanité, proférer, soi, quelque parole inaugurable !

Ce n'est pas seulement absence, mais résistance. Le monde tel qu'il est, est la négation de l'envers qui pourtant est le sien. Il empêche de passer par là. La folie établie ne se doute point du tout qu'elle est folle, elle n'est pour elle *que* raison, elle catégorise tout et tous en fonction de l'ordre qu'elle sait. Sa résistance est d'autant plus violente qu'elle ne se sent pas résister : elle est simplement l'évidence des choses.

Il y a des folies relatives (comme j'ai évoqué plus haut la névrose relative), mais il peut y avoir de l'absolutisme dans la folie. La folie absolue, c'est la rationalisation qui supprime l'écoute en son lieu même. Ou, si vous préférez, c'est le grand *faire taire* initial, qui ne donne droit de vivre que dans l'effondrement et l'étouffement de la parole, c'est-à-dire dans la non-vie. Mais puisqu'il est initial, il coïncide avec ce qui justement donne à l'homme de commencer ; il s'exerce au nom du bien, du progrès, de la vérité. Il prétend être ce que l'homme, comme homme, doit d'abord entendre.

Voilà donc une parole qui est la première parole, inaugurale, et qui est le meurtre de la parole. Contradiction meurtrière, en effet, et dont on ne peut sortir. Car sur quoi pourrait-on s'appuyer, qui ne soit pas *déjà* dans cet ordre premier de toutes choses qui se donne par le « faire taire » universel ?

« Mais, pense-t-on peut-être, de quoi parle-t-il ? N'est-ce pas tout à fait abstrait ? N'est-ce pas invérifiable, et même sans contenu ? »

Du lieu que je dénonce — et où nous sommes — en effet. C'est même propos vide de sens ; on ne peut le raccrocher à rien. Toutefois, ceux qui ont quelque expérience de cet envers reconnaîtront je crois le paysage. Et il est vrai qu'ils le décriront, le rempliront différemment : mais il convenait d'en tracer l'essentiel.

On peut évidemment chercher des précisions, voire des applications : évoquer par exemple les régimes totalitaires, qui vont ici jusqu'à la caricature, hélas réelle. Mais la « folie absolue » ne se laisse pas localiser aussi commodément. Elle ne se montre vraiment que par sa résistance à ce qui passe hors d'elle ; à ce qui est vraiment parole d'ailleurs, au point qu'elle ne peut la juger, et qui pourtant parle en elle ; à ce sur quoi elle n'a plus prise, qui lui paraît inclassable, inanalysable, et qui, en même temps, fait paraître ce hors lieu en son lieu même.

Alors s'indique la coupure, dont la séparation théorique, quand elle tourne mal, n'était encore que figure ou symptôme. Et c'est une coupure meurtrière parce qu'elle met hors de l'homme ce qui habite l'homme, ce que réellement il est. Mais la coupure se confond avec la courbure propre au système ou ensemble en place ; et, du dedans, la courbure est invisible, comme celle de l'univers ! Ce qu'on voit est, au contraire, la maîtrise, l'ordre, tout est fonctionnel, tout progresse, etc. ; avec seulement, pense-t-on, quelques ratages en marge et quelques retards. Mais, vu du lieu interdit, cet ordre est le chaos le plus profond.

Dans ces conditions, il faut s'attendre à ce que passer outre puisse être ressenti, au-dehors *et au-dedans*, comme fou. Ce que j'évoquais, plus haut, du passage à l'endroit, en un sens s'y aggrave. Il peut sembler qu'on traverse l'effondrement du monde. Et l'on ne s'en tire pas du tout en opposant l'individuel, avec ses crises, et l'universel où, par hypothèse, on ne serait point seul. Si c'est une crise du monde, elle est, pour celui qui s'y trouve, vécue dans sa propre peau ; plus seul que jamais.

Faut-il donc, pour sortir de la folie établie, entrer dans la folie ? Chaque fois, semble-t-il, qu'il y a passage de la rationalisation à la raison, le passage est perçu d'abord comme déraison. Est-ce que l'évidence ne nous dit pas que le nombre est mesure, que le soleil tourne autour de la terre, que le psychisme est conscience, que la masse et l'énergie sont deux « choses » distinctes ? Π et $\sqrt{2}$, la théorie de Galilée, la psychanalyse, $E = MC^2$, c'est, pour la rationalisation en place, hors de sens. Car c'est mettre en cause ses principes et instaurer, dans la pensée, l'impensable.

Mais ce qu'il faut traverser ici, ce n'est pas seulement l'apparence de déraison, relative à telle question ou telle discipline, c'est la menace totale que produit la « folie absolue », contre qui ose menacer sa toute-puissance. Et cette folie-là ne peut pas être identifiée avec telle doctrine ou méthode ou institution : on saurait où elle est, on n'en est pas, on est sauf. C'est un processus qui ne cesse de s'exercer ; son motif est trop profond : faire taire, c'est la sécurité que donne d'anéantir ce qu'on ne maîtrise pas.

C'est bien pourquoi ce qu'il en est de l'écoute est ici décisif : le lieu ou spécialement se loge ce mal, c'est l'oreille de celui qui écoute *à partir* de ce meurtre invisible, et d'abord à lui-même.

Qu'est-ce donc qu'on perd à passer outre ? Ce qui paraissait le plus nécessaire.

A commencer par ce Grand Sujet Maître, qui perdure comme la première référence toujours présupposée. Sa forme commune est l'individu, le moi, par qui tout est censé commencer en l'homme. Mais il a des formes plus subtiles. On s'y trompe. On croit qu'analyser, critiquer, disséquer le sujet, annoncer et commenter sa mort, etc., c'est être sorti de son règne. Point du tout. Car pour ces grandes opérations on reste *prodigieusement sujet* (comme ces auteurs qui ne cessent d'anéantir la notion même d'auteur, mais qui signent leurs œuvres, touchent leurs droits et tiennent au copy right !).

Or, ici, c'est cette place qui se défait. Quoi donc ? On ne serait plus soi et l'auteur de ce qu'on dit ? Mais si. Mais le rapport à ce qu'on dit est passé ailleurs ; on n'est plus propriétaire, et maître du miroir.

Avec le Grand Sujet Maître s'en va son opposé, en vérité son absolu complice, ils ne tiennent que l'un par l'autre : c'est le Grand Neutre Muet (la région de l'objet, comme on dit). Son silence était bien impressionnant et peut-être, à la fin, intolérable. Du moins, il se taisait. Qu'il puisse y avoir faille dans ce grand mur et que la parole ne soit pas seulement ce qui m'est à disposition quand je pense, voilà qui trouble. C'est là un grand motif à la séparation théorique : séparer le penser, lieu de maîtrise assurée, d'avec le lieu obscur où « ça se dit ». Il faut bien, *finalement*, rester maître chez soi, tout de même !

Et sur quoi débouche ce chemin-là ? Quel « endroit » merveilleux paraît, à l'envers de l'envers ?

Impossible de le prescrire — de prétendre ici dire d'avance ! Tout ce qu'on peut, tout ce que je puis, c'est énoncer du possible, c'est-à-dire offrir une parole à tels et tels qui, peut-être, l'entendront où ils sont comme donnée pour ce qu'ils ont à vivre.

J'irai du côté de ce qui m'apparaît le redoutable. Car l'envers traversé peut déboucher sur le vide. Qui en vient là n'a plus de place dans le monde, non parce qu'il ne serait pas « adapté » ou « situé », mais parce que le monde manque ; et du coup, lui-même se défait. Etrange succès !

Ce vide-là n'est pas à confondre avec la vacuité libératrice, telle qu'elle se trouve dite chez ceux que nous nommons « mystiques » et chez les sages, parmi les plus puissants. Le vide dont ils témoignent défait peut-être leur moi, les arrache à toutes les illusions constituantes de ce qui faisait monde, mais, qu'on me passe la vulgarité, ils s'y trouvent bien. Tandis que le vide dont je parle est ressenti comme l'insupportable. En donne signe que toutes les paroles des sages et mystiques à propos du vide n'y parlent pas. Car elles témoignent quand même d'un monde, ou, disons, d'un je ne sais quoi plus grand que tout et mystérieusement habitable. Mais le vide où se défait la folie du monde enfin mise au jour, c'est un vide dans le vide, une absence dans l'absence — ce dont il faut *sortir*.

Dirons-nous : première approche de la grande et salvatrice vacuité, passage vers ce vide-plein où se nourrit l'homme délié de lui-même et de tout ? Mais comment le saurais-je à la place de *qui va* par là ?

Ce que je puis dire — et de l'avoir entendu — c'est que c'est une épreuve de mort autre que la mort « physique » (gare à ne pas les confondre !). Ici s'éclaire encore ce qui paraissait à propos du scénario : qu'il y a comme deux degrés dans l'aventure du travail de vérité. Au premier, il s'agit de trouver sa place dans le monde, en liquidant les contraintes du « scénario » faussé. Au second, pour trouver une place possible — il s'agit de changer le monde !

Question (qu'il faut bien avoir l'humilité d'entendre) : et si certains se trouvaient absolument condamnés, parce qu'ils ne peuvent s'en sortir qu'à ce « second degré », et que c'est une tâche si lourde, si surhumaine, qu'ils ne peuvent pas ? Et qu'ils ne peuvent même pas le dire, parce que le dire, c'est être fou ; parce qu'à la limite, la seule place donnée à leur impossible parole, c'est le délire ou le silence ?

Avec ces deux commentaires. Peut-être sommes-nous tous, par une part de nous-mêmes, ce genre de fou-là. Nous aurions à dire le plus lointain, mais cela nous échappe en nous-mêmes ; c'est barré si profond que la barre est invisible. Et encore : si quelqu'un pouvait entendre du lieu par-delà, est-ce que certains « délires », ou « états » comparables, ne fondraient pas [1] ?

Je ne puis rien prescrire. Je ne dirai donc pas le chemin qu'il faut suivre. Mais, puisque nous tâchons ici d'être en l'écoute, je tenterai d'entendre un peu — de ce côté-là.

---

1. L'homme à qui je dédie ce livre était capable d'entendre « comme ça ».

3. L'écoute de l'écoute infinie

La parole à entendre

Question se pose à l'écoutant : d'où écoute-t-il ? S'il veut, comme il convient, être prêt à tout, il faut qu'il puisse supporter ce vide que je viens de dire, être donc d'un lieu où d'entendre ça ne coïncide pas avec la mise à mort, de l'autre ou de lui-même.

Ce lieu-là ne peut pas être la théorie, c'est-à-dire, en vérité, le lieu du sujet pensant maître de ses pensées, qui produit le grand neutre de « l'objectivité ». Et quelle autre possibilité que — l'écoute ? Mais quelle écoute ? Y aurait-il donc primordialement *à entendre*, avant tout savoir sur quoi que ce soit, et certes sur le langage ou sur ce qu'est l'autre ? Y aurait-il quelque chose de l'ordre de la parole que l'écoutant ait à écouter au principe de son écoute ? Mais qu'est-ce que ce pourrait être ?

Dirons-nous : c'est la Loi ? Non pas l'idée de Loi, l'abstraction du langage, mais la Loi qui dit : Tu. Par exemple : tu ne tueras pas. Elle est bien au-delà (ou en deçà) de ce qui se nomme droit ou morale — qui ne sont déjà pas rien ! Car elle fait que l'étrange et d'abord terrifiant espace « hors lieu » ne soit pas chaos, mais ordre, et ordre pour l'homme ; c'est-à-dire où l'homme peut, comme on dit, « s'y reconnaître [1] ».

La Loi est pour qu'il y ait Voie. Elle n'est pas seulement ni d'abord limite, mais ce qui rend possible le chemin et l'issue. En vérité, la Loi est précédée *en elle-même* d'une parole plus première, qui fait que la Loi puisse être entendue comme bonne pour vivre et non comme meurtrière. Il s'agit pour l'homme de pouvoir se porter et supporter lui-même. Même Œdipe, en Sophocle, voit s'ouvrir, après la catastrophe, un chemin — lui, l'aveugle !

La toute première parole dit, mystérieusement, que *c'est possible*, sans préciser ni quoi ni comment.

C'est pourquoi, en ce qui touche à la Loi et ce qui la précède, il n'y a pas de neutralité envisageable. Il n'y a pas de *point de vue*, de mise à distance qui autoriserait l'analyse ou la réflexion. Ce qui fait illusion d'optique, c'est que cette distanciation est toujours possible par rapport au *contenu* de la première parole telle qu'il est pour l'autre ou qu'il fut pour moi ; extérieur ou désuet. Mais absolument pas pour ce qui, en ce moment et en moi, fait le départage du pouvoir être et du chaotique. La fonction est toujours tenue. Même si, bien entendu, je n'ai aucune *idée* de cette parole, si, quand j'essaie d'entendre, tout semble muet.

Aussi bien, cette étrange parole ne dit pas « quelque chose ». Elle habite le silence, elle veille sur la parole, elle est la présence même de la parole ; toujours donnée, jamais prise. En revanche, c'est parole réelle, et non idée là-dessus ; autant que le corps est le corps et non l'idée de corps.

On ne peut opposer, ici, le réel et la parole, puisque c'est la parole qui donne d'être là et d'être à... ; il n'y a rien en deçà. On peut imaginer, sans doute, ou concevoir, un réel hors parole. Mais qu'est-ce que c'est ? Certainement pas « la

---

1. Ce n'est pas hasard si dans la Bible il y a profonde proximité de la Genèse et de la Loi.

chose en soi », que nous n'envisageons qu'*à la dire*. Plutôt « la matière pure » ou son analogue, c'est-à-dire l'abstraction la plus abstraite. Séparer un réel « brut » d'une parole « symbolique », c'est couper, c'est trancher dans le seul réel qui soit pour nous, en fonction de concepts qui seraient tout à fait impossibles à produire si d'abord nous n'habitions notre demeure : là où la parole parle.

L'illusion du « réel pur » voudrait que sur le mur, on efface la fresque pour avoir enfin la pierre nue, seule authentique. Ou encore, qu'on ôte du corps tout ce qui parle, voire tout ce qui vit, pour n'en garder réel que ce que sait la dissection. Cette rage d'effacement a son idée du réel ; et peut-être, derrière l'idée, l'angoisse : l'angoisse de se laisser prendre par la vie, d'être emporté d'avance dans ce jaillissement incontrôlable ; conjointement : contraint d'écouter, et chacun en soi-même, ce qui l'arrache à la paix de la mort.

On ne saurait non plus opposer ici parole et langage ; et surtout pas pour faire la parole seconde. La parole parle, le langage est une idée. Or, l'urgence est d'entendre.

La parole est *excès* par rapport à tout le parlé, tout le dit. Elle n'est jamais identique aux mots. Elle peut prendre toute forme, se donner par tous les aspects et tous les actes du corps. Par le geste, l'attitude, le chair à chair. Par tout ce que nous avons relégué dans l'art — ainsi, la musique. Le mot y est du poème et même en deçà : chant, voix, présence.

La parole n'est pas non plus opposée au silence. Elle est plutôt le silence plein, peuplé, agissant. Ou comme le silence qui précède la musique : ce vide espère tout, le chant y est commencé avant le premier son.

La parole ne s'oppose pas.

Ou, si l'on préfère : l'opposé de la parole n'est même pas rien ; c'est cet en-dehors dont nous avons seulement que *s'il vient* en la parole pour la détruire, il est pire que tout, une mort par-delà la mort.

La parole à premièrement entendre est inanalysable. Non par le contenu qu'on y fixe ; ce contenu-là peut toujours être pris comme objet ; mais par ce qu'à travers tout contenu elle *donne* : et qui est le premier possible, dont tout vient (y compris l'analyse, la critique, etc.). Mais, puisque cette parole est fondamentalement hors prise, elle n'est pas non plus comprise. Elle est hors du champ de toute raison explicative et donc méconnue par elle. Elle est ce par quoi l'écoute est possible et, dedans l'écoute, l'être là de l'homme.

Bien entendu, ce peut être sans qu'on y songe ; et même quand on déclare, explique, etc., qu'il n'y a point de telle parole, ou qu'on s'en passe fort bien, etc. C'est qu'on lui tourne le dos, on est occupé ailleurs. Point obscur, dont on use sans y penser. Mais le solipsisme, qui est alors la seule position concevable, n'est justement pas une position : c'est l'index, dans l'espace qui se veut tout rationnel et référé au je qui pense, qu'il est justement impossible de se tenir *originairement* en cet espace.

Il est vrai que nous avons le plus grand mal à soutenir une pensée de cette parole inaugurante, tant nous sommes dépendants, quoi que nous en disions, de l'idée qu'il y a d'abord des choses, y compris de langage, puis le je qui pense, puis la parole ou se communiquent les pensées (ou, dans l'idéalisme, la pensée d'abord — mais toujours la parole ensuite).

Nous voulons penser « explicativement » la première parole ; il n'est pas surprenant que nous aboutissions à des apories. Elle est à entendre ; donc du dehors et j'y serai soumis. Mais elle ne peut qu'être absolument et purement mienne, mon plus propre. Elle est déjà dite, puisqu'elle précède ; et elle est inouïe, puisqu'elle ouvre tout. Elle est contingente, puisque ni évidente ni démontrée dans la région discursive, mais elle n'est pas contingente du tout, elle est plus que nécessaire (le nécessaire lui-même est encore pour elle une catégorie trop faible), etc. C'est-à-dire que la parole originaire est précisément hors des catégories répartissantes ; celles-ci ne sont possibles que parce qu'elle se tient en amont, et elles sont restrictives par rapport à l'immensité des possibles.

La discussion de ces apories risque d'être épuisante sans grand profit. Pour toute une part, la philosophie d'Occident s'y est en effet épuisée. C'est que la discussion, ou bien casse et dissocie la prime parole, ou bien veut la sauver par synthèse. Mais il ne s'agit pas de synthèse, puisqu'elle est la puissance unifiante qui donne à l'*auteur* de la synthèse (comme à celui de l'analyse), d'être là !

L'écoute infinie

Que peut dire la parole originaire à l'écoute comme telle ? Eh bien, il apparaît d'abord qu'elle ne peut pas dire *quelque chose* ; ce serait nécessairement encombrer l'écoute et déjà la pervertir, on entendrait ce qui se dit à partir d'un déjà dit contraignant. En sorte que l'écoute ne peut que prendre le plus radicalement possible ce trait de la parole en ce point : qu'elle n'est pas par son contenu. C'est-à-dire : elle dit l'écoute elle-même.

Le second degré s'éclaire ici, il n'est ni idéation ni réflexion, ni prise ni miroir, ni enfin prise dans le miroir. Il est : écouter écouter. Il est écoute du lieu d'écoute, de l'origine de ce lieu, de la parole en cette origine qui ne dit rien autre qu'écouter.

C'est l'écoute de l'écoute infinie.

Elle est infinie en son acte. C'est-à-dire : elle ne définit pas, elle ne met pas d'arrêt, elle est le laisser être, laisser se dire, sans réserve. Mais l'infini est une notion négative (comme inconscient ou irrationnel). Or l'écoute que je nomme infinie n'a rien de négatif, rien en elle-même ; elle n'est telle que par rapport à un fini qui est malheur puisque, quelque part, il fait taire. Il faut donc dire de cette écoute qu'elle donne et n'ôte pas, qu'elle est tout entière donation.

Le tiers insaisissable

Je n'ai de part à l'écoute infinie que dans ma façon d'écouter celui qui se fait proche de moi par le désir d'être entendu.

Mais il faut bien, semble-t-il, que je puisse aussi entendre, *pour moi*, l'écoute infinie. Revient la question du tiers. Qui dit la parole qui n'obturant aucune parole est en ce sens absolument silencieuse ? Ou encore : où est-ce ?

Ce tiers est inassignable, insaisissable. Il n'est pas placé ici ou là dans le réseau de la parole et de l'écoute ; il n'est pas placé dedans, car il est tiers par rapport à tout ce réseau. Il ne s'ajoute pas. Le dire « tiers » est céder à la facilité d'indication ; c'est suggérer qu'il fait nombre ; or pas du tout. Il n'est connu que dans l'écoute la plus concrète, il est seulement que cette écoute va vers l'écoute et en vient.

C'est lui le tiers qui met fin, la fin radicale, au cercle de l'illusion. Mais c'est une fin qui n'est jamais acquise. Et c'est hors savoir. Prétendre savoir ce tiers et le tenir, c'est rêver de cette fin absolue de l'illusion qui est l'illusion absolue. C'est pourquoi ce tiers insaisissable est aussi principe agissant et présent de la critique la plus dure de la parole — par là de tout l'humain : il donne à entendre que la parole n'écoute pas, ce qui est sa mort. Dire que l'écoute infinie est toute positive, c'est *aussi* la dire impitoyable pour ce qui n'écoute pas.

Cet insaisissable est la fin de la soumission au maître, si puissante en un tel lieu. Il sera l'absence du pouvoir qui pèse sur l'homme, le grand vide en place de ces forces impitoyables que nous haïssons, servons et réclamons, parce qu'elles nous protègent de ce que précisément libère l'écoute infinie.

Mais c'est lui qui donne l'amour tout premier, celui-là qui habite l'écoute en sa racine, et qui est si intensément demandé par le grand manque — pas le manque où peut s'organiser le désir, mais l'autre, dont le hurlement imprononçable dit qu'on chute hors de tout.

Mais s'il en est ainsi, on ne sait rien du principe de cet amour ni de cet amour même. Il ne se donne que précisément se donnant, entre nous, et en nous, de soi-même. Toutefois, comme justement ce que nous ne saisissons pas.

Le rapport aux paroles dites

Qui est le tiers insaisissable ? Où entendre sa parole ? Où se dit l'écoute infinie elle-même ? Et qu'est-ce que l'infini qu'elle écoute ?

Questions impossibles ; c'est vouloir tenir cela même qu'on dit hors prise. Et pourtant ce sont ces questions-là qui hantent originairement l'humanité. Puisque c'est de leur réponse que l'homme est possible ou pas. Mais assez souvent, la question s'est délogée de ce lieu terrible. Elle a glissé dans la zone de lumière connue par l'homme comme l'espace de son esprit (et dont la raison elle-même n'est qu'une part, la plus calculatrice, la plus éloignée, peut-être, de l'écoute pure !). Ainsi vient au monde la métaphysique qui nous a gouvernés, jusqu'à devenir le langage de la foi religieuse se pensant et à pré-occuper le discours de la psychanalyse elle-même [1]. Il se peut, alors, que l'écoute de l'écoute infinie se soit comme absentée du lieu habité par l'homme : primitive absence d'où vient et où va l'écoute dans la mesure où elle ne se résigne pas aux savoirs qui la contraignent.

Mais, si critique qu'on soit à cet égard envers la métaphysique, il faut reconnaître qu'à sa façon elle témoignait encore de l'originaire. Si elle se défait, qu'advient-il ? Où se donne à entendre la parole inaugurale qui n'est, en elle-même, qu'écoute pure tournée vers l'insaisissable ?

La tentation existe, alors, de répondre enfin à la question

1. Voici qui nous renvoie au travail suggéré dans la IIIe partie — cf. supra : des modèles immanents au discours théorique où veut se reprendre l'écoute.

en découvrant ou retrouvant l'écrit, la tradition, le lieu qui seraient tenants de cette parole. Mais elle ne peut être tenue ! Il ne faut donc pas la chercher ici ou là. Car l'écoute infinie ne se donne qu'à l'écoute, qui est silence. Il n'y a pas de texte ou de discours qui l'enfermerait ; éternelle illusion de la croyance qui, au moment même où par exemple elle nomme Dieu, oublie ce qu'elle dit et passe au fétichisme du texte. A quoi s'oppose, ici, l'inconnaissance nécessaire du lieu.

Mais c'est cela qui est précisément l'accès aux paroles dites, en l'humanité, qui de quelque façon témoignent de l'écoute infinie. L'entrée est en cet en-dehors, exilé des savoirs et des méthodes qui donneraient « accès au texte ». Ce n'était pas la métaphysique, ce n'est pas l'histoire, ni aucune des façons de *savoir enfin* ce que ça veut dire. Seule l'écoute est accès à l'écoute : et elle n'en reconnaît l'infini, c'est-à-dire la donation sans mesure, qu'à passer par le point obscur qui la dépouille de tout, sauf de sa propre source.

Entrer par là change tout. C'est au plus lointain de nos habitudes, et par essence. En sorte qu'il n'y aura jamais là de bonne habitude — le bon langage ou la bonne façon qui nous délivreraient d'avoir à entendre, au lieu d'origine. Entendre est et sera toujours entendre l'inouï.

Mais toute parole parlant là peut dériver vers ce qui *fait taire l'écoute* ; en sorte que les paroles, ensuite, seront le jeu de la contrainte qui expulse l'homme de l'homme. L'écoute alors verse, du côté de la croyance, dans l'obéissance : ce qui était liberté bondissante devient soumission à l'autorité. Ou bien l'inaugural passe en l'explicatif, qui donne les raisons du monde, c'est-à-dire en fait se justifie, jusqu'au dernier avatar, l'idéologie. Mais ce besoin de « plaider sa cause » dit déjà sa faiblesse : la parole n'éclaire plus celui qui l'entend, il faut argumenter. Elle ne donne plus la vie, elle n'est plus aimante au point que naître en elle est un bonheur ; alors elle disserte sur la vie et l'amour. Dans un deuxième temps, elle devient elle-même objet à expliquer pour la nouvelle explication au pouvoir ; elle n'est alors, de plus en plus, que son système de défense, la résistance aux vérités déplaisantes.

Chacun pourra *s'y entendre* à reconnaître quelque chose de ce que je dis en le paysage qui lui est propre.

Nous voici donc bien loin — au plus lointain — de tout ce qui pourrait, prétextant l'inaugural, ré-introduire quelque savoir ésotérique, valider un retour du religieux ou du mythique, réclamer un peu d'irrationnel, ou beaucoup, pour nous soulager des étouffements de la raison. C'est là, quelles que soient les thèses, emplir, emplir l'oreille, boucher ; c'est vraiment en finir. Or ce qui dit l'écoute infinie ne peut, pour ce désir-là, que demeurer dans le secret, et un secret si profond qu'il n'est même pas perçu. On croit y être, on parcourt les arcanes du sacré, du mystère ou du mythe. Mais l'entrée est ailleurs : d'écouter, en ce lieu d'origine, où nous n'entrons précisément que d'écouter ce qui ne nous donne que l'écoute même.

Moyennant quoi, il n'y a ici nul mépris pour aucun savoir, aucune méthode, pourvu qu'ils se connaissent. Un tel mépris est suspect ; il dit la prétention à atteindre par soi et sans aide, à partir de son vécu ou de son idée, une parole inaugurale. Ce n'est pas du tout ce que j'essaie de dire ici, ç'en est le plus opposé : puisque c'est, en somme, la prétention au savoir, mais sans l'humilité et la rigueur du travail d'apprendre !

Quelque chose de la différence paraît par le rythme de l'entendre. Dans la prétention, tout est continu et à disposition. Dans l'écoute, il y a seuils, passages, absences dont on ne dispose pas ; le bon rapport peut même être l'oubli, quand la seule chose à faire est de ne même plus s'efforcer, mais vivre au jour le jour, avec ce qui vient, et dont on ne sait quel rapport ça peut avoir avec ce qui commence en l'écoute infinie : elle paraît alors très lointaine, un rien, une fumée, au moment même où, peut-être, on se défait de ce qui prétendait tenir sa place. L'écoute de l'écoute infinie est une aventure pure (peut-être la dernière, bientôt, qui sera offerte aux hommes ? Etrange prospective).

Si vous me dites : « On ne sait de quoi vous parlez », je n'en serai pas surpris. Je pense bien en effet que ce que j'ai dit peut paraître au-dessus du vide, ou même en plein dedans. C'est que, si j'ai dit, j'ai dit pour cette écoute qui ne repose sur rien et ne sait rien ; et c'est là son inépuisable force. Elle est le grand vide lui-même, mais « vu » en son endroit : la plénitude insaisissable.

La genèse

Sont-ce là des considérations éthérées et lointaines ? Pas du tout. Elles touchent au plus concret. Elles ont rapport, ainsi, à ce qu'il en est du « scénario », au pouvoir de dépasser réellement sa contrainte.

Tout enfant humain est « adopté » par le père, qui le reconnaît sien ; et reçu par sa mère comme son enfant humain, avec qui elle est, d'emblée, parole. Et il n'a été conçu par elle et lui que dans un lien qui n'est juste qu'à être parole d'amour. Mais cela excède infiniment l'homme et la femme qui le donnent. Ils *portent* jusqu'à leur enfant la genèse de l'humanité. La « généalogie » ne s'arrête pas aux père et mère. Il est de toute façon nécessaire de reconnaître en soi cette « lignée » au-delà des parents. Sinon, c'est charger ceux-ci de l'impossible — être l'Origine ! — et donc garder avec eux un rapport malheureux, haine et amour bloqués « à l'infini ». Mais cette nécessité est ressentie beaucoup plus quand le processus se fait mal. C'est-à-dire quand s'annonce un malheur des parents eux-mêmes, qui les prive de leur généalogie ou les met avec elle en mauvais rapport. Et la défaillance peut se transmettre « en cascade », de génération en génération.

Malheur d'une société, quand les parents sont réduits à eux-mêmes et non plus porteurs et transmetteurs de ce qui les habite, venant d'en amont d'eux-mêmes. On leur impose la tâche impossible : commencer l'humanité, être auteurs de la Loi, etc. En même temps, dans le couple, chacun suit sa symbolique individuelle, irréductible à celle de l'autre, sans poésie, « mythe », rite communs ; incommunicabilité sans espoir. Ce malheur tombe sur les enfants ; poids croissant de la symbolique individuelle, beaucoup trop pauvre et friable ! Et la région commune, des modes, des jeux, des médias, risque d'être seulement la confusion de ces individualités.

Par contraste, les attitudes réglées dans le grand ordre reçu et respecté paraissent supportables à ceux et celles qui les vivent, alors même qu'elles sont très lourdes à porter et nous paraissent, à nous, parfaitement odieuses. (Qu'on songe, exemple majeur, à la condition de la femme dans les sociétés que la modernité ébranle ou dissout). Je ne fais pas du tout l'éloge de ces sociétés ; je ne nie rien de l'odieux ou de l'atroce qu'elles peuvent imposer, au nom du dieu, du bien, des anciens... Mais je dis seulement que la pure disparition de la transmission, par les parents, de l'ordre qui les dépasse et les engendre, peut s'identifier à la prétention arbitraire, insupportable de la symbolique individuelle à s'imposer. Et pour qui en pâtit, c'est le déchirement intérieur. (Notons : chez beaucoup de gens de « tradition », religieuse ou autre, en Occident, il y a en fait décomposition de cette tradition et construction, avec ses débris, d'une symbolique individuelle particulièrement dangereuse, pour eux et pour ceux qu'ils « éduqueront » : s'y joignent le déjà chaotique de l'individu abandonné à lui seul et la rigueur, renforcée par peur, d'une tradition virant à la pure discipline.)

La force du rapport à la genèse d'humanité se fait particulièrement sentir... quand ce rapport paraît impossible, parce que le relais défaille. Parents inconnus, morts trop tôt, divisés, en surnombre, destructeurs... Et, au-delà des géniteurs : en tous ceux qui ont charge de faire entrer en humanité. Comment réparer la défaillance ?

En fait — il y a toujours défaillance *par rapport* à ce que le petit d'homme imagine d'abord de ses père et mère : qu'ils sont les immenses, les tout-puissants. C'est plus ou moins ardu : mais il faut bien en venir là.

C'est-à-dire : il ne suffit pas du tout de se déloger de la fausse place, de faire descendre les immenses de leur piédestal, etc. Le plus grave vient après : c'est de joindre ce à partir de quoi les parents sont — et, si cela s'est effondré, de joindre par-delà une genèse plus essentielle — l'endroit inconnu du grand envers du monde.

Ou encore : ils étaient sur le piédestal et c'était illusion. Mais la mort de cette illusion n'est pas seulement leur chute. C'est la nécessité de porter ce que l'illusion dispensait de précisément porter. La seconde illusion, que peut cacher la fin de la première, c'est de croire que la charge a disparu, qu'on est « libre » comme le seul et unique, né de rien, maître de tout.

La fin de la double illusion c'est être comme jeté en l'origine : pas la question de l'origine, qu'on peut toujours éluder, ou réduire à l'histoire du commencement. Mais l'origine elle-même, c'est-à-dire le pouvoir-se-porter comme être-de-naissance. Cela, quand enfin l'on y est, c'est la première nécessité !

On peut alors commencer à comprendre l'importance et le soin que les Anciens (et les « primitifs ») donnaient aux généalogies ; l'on se dit que ces généalogies, pour nous mortes, devaient porter bien plus que nous n'imaginons. Freud a ressuscité la science des rêves, en la déplaçant radicalement, en fonction de ce que nous sommes devenus. On se prend à rêver : y aurait-il à faire, pour l'antique œuvre de généalogie, travail analogue ? Il ouvrirait, à tout ce qui se soucie d'éclairer l'homme, un espace nouveau.

La généalogie porte la genèse. En elle est ce « tiers insaisissable » qui autorise et la parole et l'écoute. Nous sommes portés à le situer dans nos répartitions. Nous nommons « la nature », « le déterminisme », « le langage ». Mais il faut que ce soit une puissance ! Et la puissance où parole naît. Nous mettons la majuscule, nous invoquons d'antiques puissances : Ananké, Eros et Thanatos, Logos. Mais c'est ouvrir l'abîme archaïque, où sont les dieux, et la mort des dieux et la naissance du Logos, et l'inclassable aventure juive, et la figure omni-présente dans le monde qui immédiatement nous précède, connue, usée, classée, mais très étrange de venir là, ce juif d'où est venu ce qui s'est nommé, sans doute bien maladroitement, « christianisme ».

Ou bien, quittant des régions si redoutables, nous nommons l'Autre ou — pourquoi pas ? — le Phallus. Pas l'organe, bien sûr, mais la puissance première, jamais saisie, toujours servie (ce phallus-là n'est pas la propriété pure et simple du masculin !).

Le tiers selon l'écoute est dans le champ immense, incernable de la parole humaine. Il est parole en la parole. C'est la parole qui, à l'entendre, rend possible l'écoute simple, et d'abord de soi-même à soi-même. Elle ouvre l'oreille. Elle dit, elle est l'écoute infinie. Elle est en elle-même parole échangée, c'est-à-dire humanité. Je ne suis pas seul avec elle ou en face d'elle, encore moins seul à la dire. Si je puis habiter en paix ma propre vie, c'est qu'il y a ainsi une parole échangée ailleurs, qui ne dépend pas de moi et fait que je ne suis pas perdu dans l'origine.

On songe à la parole échangée entre le père et la mère ; si elle manque, l'enfant est transi par la parole maternelle (même si c'est celle « du père », comment ne glisse-t-elle pas là ?) Il n'y a pas de monde à vivre ; seulement la fascination de la parole unique qui dévore tout. Mais, bien en deçà, la parole échangée ailleurs est celle où commence l'homme. Qu'en est-il du tout premier échange ? N'est-ce pas là que les Anciens nommaient le Ciel et la Terre ?

Nous ne pourrons pas sans doute gommer indéfiniment ce qui demeure dans « l'inconscient historique » de l'archaïque de la genèse. Pour en faire quoi ? On peut laisser la question en suspens — c'est une assez bonne mesure pour que l'écoute demeure écoute, ici, au lieu que nous nous précipitions vers l'exposé et l'explication ! En tout cas, c'est cette parole, insaisissable, qui sans doute s'entend au point de retournement et passage comme au point obscur de l'écoute. C'est bien pourquoi aucune procédure ne peut la fournir ! Car elle ne se donne que d'écoute aussi pure que possible.

Point de « neutralité », ici. L'écoutant doit être autant qu'il peut en cette parole. Doit-il la dire ? Mais qu'est-ce-à-dire ? Dirons-nous que son écoute est cette parole même ? Mais au nom de quoi pourrait-il le prétendre ?

Le tiers inassignable est, en un sens, tout immanent à l'écoute ; rien d'extérieur ; mais une bienheureuse impossibilité de l'écoutant à se tenir en lui-même ; et sans pouvoir désigner, maîtriser, savoir ce qu'il en est de ce qui, en lui, l'excède. Mais il est aussi la parole puissante, genèse où commence l'humanité de l'homme ; et qui veut se dire avec puissance, qui veut habiter tout et le silence même.

Voici donc qui déborde l'écoutant et au nom, cette fois, de ce qui est essentiel en son écoute. C'est-à-dire que cette écoute a place dans le plus vaste. Si spécifiée qu'elle se veuille, elle n'est pas ultimement à part. Mais peut-être, en revanche, de la connaître en ce qu'elle est, c'est l'ébranlement irréparable de tout le reste.

4. Le double déplacement

L'unité des deux écoutes

L'écoute de l'écoute infinie, *c'est* l'écoute simple, demeurant simple, de quiconque demande à être entendu.

Equivalence prodigieuse, qui seule peut écarter avec sûreté la transformation perverse de l'écoute infinie en parole toute-puissante faisant taire. Ou, pour dire autrement : nous ne savons pas, d'aucun savoir, ce que dit l'écoute infinie ; mais nous savons que c'est identique à l'écoute du proche, en notre champ d'humanité.

Ici se fait la différence, l'abîme de différence entre la pensée qui se tient dans sa maîtrise — fut-ce la maîtrise de sa démaîtrise ! — et celle dont le lieu de départ et de retour est l'écoute concrète, effective, de celui qui demande à être entendu. La première (et toujours, toujours, quelles que soient ses thèses) a pour lieu son propre discours ; elle peut y dire, et fort bien, la faiblesse radicale du discours, l'identité de l'écoute d'autrui et de l'écoute de l'infini, elle peut critiquer à fond la prétention de prendre immanente au comprendre, etc., etc. ; elle peut se faire écoute vigilante des textes, déconstruction implacable de tout ce qui les surcharge et les encombre. Mais elle reste en son lieu et son lieu est le discours, et quoi qu'elle dise ce discours est l'œuvre de qui le dit, *attentif à son discours* même.

L'autre façon paraît impossible ; et elle l'est, si l'on veut y prétendre. Pourtant, elle commence quand on pratique l'identité de l'écoute pure d'autrui et de l'écoute de l'écoute infinie. On en pratique ce qu'on peut, bien sûr. Mais ce qui naît de là en parole et pensée est originellement différent de ce qui se tient dans le champ du discours. Malheureusement, dans ce dernier champ, la différence est invisible : il n'y a que des discours, au besoin en dialogue, avec plus ou moins de rapport à « l'expérience » ; il est impensable qu'une parole et pensée puisse être habitée de l'écoute même, en ce qu'elle dit.

Cela paraît bien exclusif. On peut dire : il y a d'autres voies. Mais si l'on aborde le tout à fait inaugural par l'écoute, alors il faut que l'écoute y soit présente dans l'expérience concrète de l'écoute d'autrui ; avec ce qu'elle implique, avec ce qu'elle exige. C'est là le lieu de vérité.

Mais peut-être que l'expérience initiale de référence éclate : il ne s'agit plus d'une situation particulière, mais du rapport à autrui, en tant que ce rapport est écoute. Ce n'est pas moindre.

Et même, si l'écoute de qui se trouve là a en elle rapport à l'écoute de l'écoute infinie, c'est que je puis y entendre une demande qui va jusqu'à la parole inaugurale elle-même : c'est cette parole que celui-là veut entendre à seulement me demander d'être entendu. C'est une demande qui va bien au-delà de l'écoutant ; il est, devant elle, tout à fait désarmé. Il ne peut qu'être, à sa façon, témoin de l'écoute infinie. Mais c'est ainsi qu'il reçoit l'autre enfin comme le proche, tout à fait égal ; hors des repères, hors cercle. C'est pourquoi le tiers insaisissable *est*, ici, la proximité même ; c'est ici qu'en toute vérité il ne s'ajoute pas.

L'écoute réciproque

L'écoute de l'écoute infinie coïncide avec l'écoute réciproque.

Elle indique une écoute commune de ce qui est premier, inaugural ; mais comme identique à l'écoute du proche. C'est la fin de la relation dissymétrique (qui était, ici, la situation initiale).

Or, l'écoute réciproque paraît assez souvent une impasse de l'écoute. On le voit, par exemple, quand se rencontrent entre eux ceux qui font profession d'écouter. Pourquoi ? C'est qu'on semble avoir le choix entre deux possibilités également navrantes, quoique pour des raisons opposées.

Ou bien l'on place le lieu commun du côté de la théorie ; on espère le lieu sûr, où la communication sera maîtrisée, où l'on pourra s'entendre. Or, pas du tout. Là où l'on attendait cet accord de raison qui, jusque dans les débats et controverses, maintient une unanimité fondamentale, ce qui surgit en fait c'est l'hostilité réciproque ; comme si le débat recouvrait un conflit beaucoup plus âpre, une incompatibilité d'une autre nature. C'est le cas en effet. Car, en toute théorie de l'écoute (et c'est d'elle que nous parlons), l'enjeu de l'écoute entre en action, dès qu'on dépasse le bavardage culturel. Il appelle l'écoute elle-même ; et le lieu théorique ne le permet pas. Il y a donc, en tous ces discours où il s'agit de parler du non-dit, un énorme non-dit actuel qui ne cesse de tout brouiller. Jusqu'à déclencher ces véhémences affectives où, certes, la raison dont on rêve ne se reconnaîtrait point.

Reste à guérir de cette incohérence par la soumission commune au maître : il aura autorité sur l'écoute même, il saura l'écoute et la parole, c'est-à-dire qu'il tiendra la place que nous reconnaissions à l'écoute infinie. Le tiers insaisissable, c'est lui.

Mais, nouveaux malheurs. Car d'être ce maître qu'on vénère, le voilà saisi, jusqu'à en être manipulé, dévoré. Et, dans la même mesure, objet du ressentiment extrême contre celui qui détient la vérité. Enfin, entre les disciples, lutte frénétique pour les faveurs du maître, pour en être l'interprète agréé, etc. Le comble est que ceux qui se trouvent pris dans ce genre de filet peuvent être des « analystes » habiles à discuter transferts, fixations, déplacements, ruses de narcissisme et autres avatars de l'inconscient [1]. Après coup, dans les retombées ou les débandades, ils analysent en effet. Mais d'où vient que le processus est si puissant ? D'où vient qu'on puisse si étrangement, si longuement parfois, s'y laisser prendre ?

L'autre solution, c'est de se placer héroïquement dans l'écoute, mais c'est aussi créer la relation dissymétrique, et de façon intenable, puisque — dans les deux sens ! On a toute chance alors d'aller vers un déchaînement incontrôlable — la « neutralité bienveillante » de l'écoute étant immédiatement submergée par la violence de ce qui sort, grâce à cette bienveillance, et qui se heurte à la violence d'en face ; et toutes deux jointes à la prétention d'écouter, interpréter, analyser !

Au vrai, c'est vers cette deuxième solution qu'on glisse dangereusement, dès qu'on ne se résigne pas à la parole vaine. Car la seule parole supportable — apparemment — dans l'écoute réciproque, est celle... qui n'éveille pas l'écoute. C'est-à-dire qu'on ne s'écoute pas en vérité : c'est seulement répétition du discours commun, avec plus ou moins d'aisance, de variété, de « spontanéité ».

Hors de la relation dissymétrique d'écoute, les hommes seraient-ils muets ? Entendons : réduits, pour ce qu'il en est d'eux-mêmes, à la banalité, au discours vain ? Cela laisse place, sans doute, au discours efficace, à la science physique, à la technique. Mais l'homme y devient dangereusement silence. Et l'énorme bruit des langages médiatiques ne fait étrangement qu'enfler ce silence de mort. S'il y a moyen de

1. Cf. François Roustang, *Un destin si funeste*, éditions de Minuit.

sortir de là, ne serait-ce point par ce que j'ai nommé : écoute infinie ? Par l'écoute commune de ce par quoi l'écoute est possible ? Parole, sans doute, mais absolument hors du jeu du discours, hors de vue ; parole qui n'est entendue qu'en ce moment où je donne à l'autre mon écoute, simple, afin qu'il soit parlant.

Alors, cela fait cercle : c'est par l'écoute du proche que se donne la parole premièrement écoutante, et c'est par cette parole d'écoute infinie que nous pouvons nous écouter et nous entendre les uns les autres. Mais ce cercle n'a rien de vicieux ! Il indique seulement que l'espace premier de communication humaine n'est pas produit par quelque cause extérieure ; car il est natif, il est ce par quoi, pour nous, tout commence.

Ainsi, dans l'écoute réciproque, il y a rapport commun au parlant inaugural, en tant que celui-ci écoute, hors de tout saisissable. Ou encore : le point obscur est au milieu du groupe de l'échange. Il ne peut pas être « laissé en arrière », en amont ; ou mis en marge, oublié. Il est là — mais pas comme objet de débat ! Ou comme quoi que ce soit qu'on ait en commun. Pour ce genre de désirs, pure absence. Mais d'être laissé là, avec tout ce qui se donne en lui, peut autoriser la parole à n'être pas meurtrière.

Sera-ce, pour autant, aisé ? Certes, non. L'écoute réciproque — si elle est possible — nous fuit sans cesse. Toutes proches sont les dérives mortelles, chaos affectif, guerre à mort, retours massifs dans la soumission. Pourtant, n'est-il pas bon de tenter de s'en approcher ? N'est-elle pas la grande urgence ? L'enjeu, si je puis dire, de la révolution qui maintenant s'annonce nécessaire ? Car quelque chose est manqué dans le rapport des hommes entre eux et de l'humanité à elle-même. Et ce n'est pas de renforcer ce qui fait le train du monde qui nous le donnera. Le chemin ici évoqué est d'abord humble ; mais toute vraie grandeur commence dans l'humilité.

Conclusion

Conclusion

1

Ce qui précède n'est-il pas théorie ? Comment pourrait-on l'éviter ?

Je suis bien entendu sans pouvoir sur la façon dont on m'entendra. Mais, à m'écouter moi-même, il me semble plutôt que c'est une sorte de récit, comme une aventure qui va jusqu'où elle peut aller, sans rien tenir ni rien détruire ; et tout le sens est : laisser ouvert, ôter la prétention — à commencer par la mienne.

Et même : ce que j'ai pu dire demeure pour moi dans l'après coup non séparé. En écrivant, j'écoute ces gens que j'ai tâché d'entendre. Ils sont là. Et c'est leur parole que j'essaie de me rendre plus audible, en même temps, bien sûr, que ce qui parle en moi-même. Je peux me faire illusion, je suis même *sûrement* dans l'illusion ; mais en sortir, peu ou beaucoup, n'est certainement pas faire comme si l'on en était sorti, et discourir et controverser en oubliant ce que signifie de redoutable la référence à l'écoute. C'est pourquoi j'ose prétendre qu'il se tient toujours, en qui veut écouter, un propos comparable à celui que j'ai tenu, ou, disons, une certaine façon d'être à l'écoute comme telle. Et elle veut qu'on puisse porter tout ce sur quoi ouvre l'écoute, et dont on ne sait d'avance jusqu'où cela va. C'est-à-dire qu'il faut pouvoir porter sans oubli ni réserve sa condition d'homme et donc avoir accès, en soi, à ce qui en donne la force. Où j'ai nommé l'écoute d'une parole qui est écoute infinie. On peut aller sans doute par une autre voie. Mais sans voie du tout, quelque chose au principe contamine l'écoute ; et c'est du côté de la terreur.

Peut-être ne l'entendez-vous point, parce que vous disposez là d'évidences qui se confondent avec ce que vous nommez réalité ; tandis que ce que j'ai dit — si peu que j'ai dit — fait écart, éveille l'étrange.

Mais, qu'on ne se rassure pas trop vite. L'écart et l'étrange, on n'en fait pas vraiment l'économie par l'évidence commune ; on les recouvre seulement.

L'écoute écoute l'écoute : c'est-à-dire ce qui se donne à entendre comme l'éveil premier de toutes choses et de nous-mêmes, qui précède tout. Les vieux récits, les vieux sages en étaient proches sans doute. En amont de nous, dormant dans une sorte « d'inconscient historique », de fulgurantes paroles se sont dites, qui touchaient là et descellaient les fondements de l'apparence. Nous nous en croyons loin, et seulement habitants heureux de nos surfaces. Pourtant nous ne vivons encore que par ce qui, secrètement, précède et excède l'ordre établi de nos pratiques et nos pensées. Ainsi me semble-t-il qu'on ne peut pas faire réellement l'économie de ce dont j'ai parlé. On peut seulement n'en pas parler !

Si l'on tient à voir, en ce qui précède, une théorie, il faut la reconnaître étrange et étrangement *faible*. Elle n'appartient à rien ; ce n'est pas analyse, mais pas non plus phénoménologie, épistémologie, psychologie. C'est, je le crois bien, inclassable. (Et pour ce goût de théoriser la théorie qui domine tout, l'inclassable c'est l'enfer.)

Dirons-nous : théorie négative ? Car loin d'augmenter le savoir sur l'objet, elle enlève et enlève encore ; elle ne fait que renvoyer à l'écoute simple. Cela même qu'elle affirme, à propos de « l'endroit » par exemple ou de « l'écoute infinie », ne fait que mettre en œuvre cette « négation par excès » dont parlaient de vieux auteurs. Elle ôte à l'écoutant ces « prises de position » qui lui paraissaient pourtant nécessaires ; elle ne lui laisse que l'insaisissable origine de son pouvoir d'écouter.

Si donc quelqu'un se risque à parler *de* l'écoute — ce que j'ai fait — il ne possède pas sa propre vérité, ou encore : la vérité de ce qu'il dit lui échappe. Car elle ne tient que par la double écoute : la sienne, tournée vers l'immaîtrisable ; celle de ceux qu'il espère entendre et qui seuls peuvent connaître ce qu'il en est. En amont, le principe ; en aval, l'étrange vérification ! Le discours référé à l'écoute est dans l'entre-deux.

On peut penser, alors, que c'est toujours manqué. En effet, Freud disait déjà que c'est le cas de toute éducation ; elle est réussie pourvu que parents et enfants puissent accepter qu'elle ne le soit pas. Ici, je crois, de même : ce qu'on dit de l'écoute n'est jamais « réussi », ne tourne jamais en ce qui permettrait de savoir ce que c'est qu'écouter ; ce ne peut se justifier qu'à pouvoir être entendu au service de l'écoute. Mais, de cela même, on n'est pas maître.

2

Voilà qui donne à songer sur le rapport de l'écoute et de la théorie, qui ne fut ici qu'esquissé.

Ce rapport s'annonçait à partir de l'écoute, et dans une situation particulière ; mais on pressent qu'il touche la théorie comme telle, en tout cas dès que l'être humain s'y trouve concerné. Je ne puis ici qu'indiquer ce qui est en jeu.

Hors de l'écoute, la théorie tend à assurer ce que donnait l'écoute infinie, c'est-à-dire à dogmatiser — car il lui faut *bien plus* que sa fonction propre et limitée pour tenir une telle place.

Double conséquence.

Il lui faut se donner l'humain en objet, qu'elle peut manipuler dans le champ restreint de sa vision. Elle peut être ainsi le grand oubli de tout ce qu'elle met au silence pour s'offrir sa raison propre. Mais l'écoute ne peut pas oublier. Ainsi peut-elle être le principe concret de ce qu'on appellera, avec un peu d'humour, la critique de la raison sourde.

D'autre part, la théorie apparaît bientôt comme l'élément pensant d'ensembles bien plus vastes, qui croient trouver en elle leur justification et leur unité réfléchie. Ainsi « la science », « la religion », immenses conglomérats, qui obéissent à la nécessité de paraître unifiants. Mais l'écoute peut y entendre les fractures irréparables.

Les conglomérats et les théories qu'ils nourrissent quant à l'homme ont pour fonction majeure de conjurer l'angoisse, du côté de tout ce dont l'écoute rend la venue possible. Mais l'angoisse extrême, c'est la rupture de l'écoute ; c'est la solitude qui met hors parole ; c'est de ne plus rien entendre qui soit don et de ne plus rien pouvoir faire entendre. *La pensée ne peut rien contre l'angoisse*. La voie qui en délivre passe d'abord ailleurs.

Ou bien : c'est qu'il existe peut-être une autre façon de penser, où l'écoute est première. *Penser commence autrement*. Et loin que ce soit pour la pensée disgrâce et rétrécissement, c'est au contraire la plasticité infinie. Car il n'est plus besoin de dogmatiser, il n'est plus besoin d'être sourd ! Tout ce qui est en l'homme peut advenir à lumière humaine. Tout ce que la pensée construit pour comprendre a son droit, qui coïncide avec son heureuse perte en ce qui, allant au plus grand large, lui donne d'avoir été fécond.

Mais il me semble que, pour aller par là par un chemin réel, et non en idée ou en souhait, il faudrait reprendre et mener plus loin ce que j'avais seulement suggéré : « l'inconscient théorique » présent à la pensée de l'écoute, l'épaisseur énorme de ce qui se pense déjà en nous, quand nous risquons les premiers mots au sujet de ce qui *s'entend* en l'homme.

3

J'ai parlé de l'écoute en fonction d'une situation. On peut faire remarquer que l'écoute est bien plus large. En effet. Si j'ai choisi cette situation, c'est pour avoir un abord concret, précis, sans me perdre aussitôt dans la diversité des écoutes possibles. C'est aussi parce que cette situation se rencontre et qu'il y naît quelques questions. Mais on peut faire remarquer, en l'autre sens, que cette situation semble référer à une fonction bien définie, celle du psychothérapeute — plus rigoureusement, du psychanalyste — et que je l'ai en quelque sorte diluée dans une « écoute » mal définie.

On y verra les plus grands dangers : analyse sauvage, prétention à « entendre » quand on n'a pas la compétence, etc. Ce que j'ai dit de la séparation théorique n'arrange rien, puisqu'on peut y voir la contestation de la compétence — et donc de la fonction.

Faut-il préciser que mon propos n'est pas du tout celui-là ? Mais, encore une fois, on n'est pas maître de ce que les autres font de ce qu'on dit (sinon, pauvre Freud !). Reste que, je le confesse, je soulève bien une question troublante, mais je la crois réelle.

Le psychanalyste, nommé tel, connu tel, est en une place fixée. Il ne voit — et n'entend — que ceux qui viennent à lui avec une demande qui correspond à sa fonction déclarée ; qui correspond mal, peut-être, *mais assez pour qu'ils viennent*. Or la « demande d'être entendu », ne se réduit pas à ce qui relève de cette fonction-là. Elle peut même refuser de s'adresser à tout « psy » — à cause des peurs que cette syllabe engendre. Mais ceux qu'elle habite, il faut bien quand même tâcher de les entendre, *s'il vous parlent* !

Prenons la chose autrement. Si je me borne à écouter, sans préjuger, qui me parle pour que, selon toute apparence, je l'écoute, je ne sais pas d'avance la place où il me met, la fonction qu'il me donne. *Ma fonction n'est pas fixée*. C'est « à la carte ». Je dois l'inventer à chaque fois. Ainsi, la *liberté* que l'écoutant doit laisser est à deux degrés : d'abord, liberté de tout dire ; secondement, liberté de le mettre, lui, l'écoutant, à la place où il *pourra entendre*. Il est bien clair que cette place n'est pas simplement celle qui est désirée consciemment — ce serait vraiment tomber « dans le cercle » du faux accord ! Mais, d'autre part, elle n'est pas simplement sue d'avance, avec ses règles, ses protocoles, sa technique — et sa théorie.

Et c'est en cet écart que gît toute la difficulté. Voici, par exemple, qu'il n'y a aucune demande de « traitement », a fortiori de psychanalyse. Il n'y a même pas de demande *dite* d'être écouté. Mais la simple présence de tel ou telle *est* cette demande. Comment être envers lui selon la juste écoute ? Aussi bien, quelque chose de cette demande est présente à toute rencontre humaine — parce qu'elle porte le désir de l'humanité de l'autre. Mais cette rencontre peut être située, nommée, définie tout autrement : collaboration, soumission à un supérieur, enseignement, amitié, etc. Comment éviter, soit de fausser la situation réelle, soit de la rendre, à la limite, inhumaine ?

Il se trouve ainsi des cas où l'on glisse d'une situation à l'autre. De l'amitié toute égale, par exemple, à ce qu'une certaine confidence va faire naître de dissymétrique par l'écoute qu'elle appelle. Ou, en l'autre sens, de ladite écoute vers l'égalité, peut-être vers quelque chose de l'écoute réciproque (voilà qui n'est pas sans rapport avec la fin de l'analyse, la possibilité d'avoir ce rapport avec l'analyste, au-dedans de soi, même s'il ne se réalise pas matériellement).

L'écoute que j'ai dite fait partie des rapports humains. Et elle peut y surgir sans qu'on en soit maître. Impossible, me semble-t-il, de l'identifier, purement et simplement, avec une fonction sociale. En revanche, la parole va à l'écoute quand elle y va. Il y aura toujours danger d'« institutionnaliser » à ce propos-là, à faire savoir d'avance que cela se passe en psychanalyse. Car bien des gens vont s'imaginer que du moment qu'ils « sont en analyse », leur parole sort de

« l'inconscient ». Au besoin, ils s'y prépareront par les livres et les cours. Le pire, serait (ou c'est ?) que le « psychanalyste » soit dans une illusion comparable. Alors peut se produire la mésaventure : il y a de la psychanalyse, ça se sait, ça se paie, et en réalité il n'y a rien du tout, parce qu'il n'y a pas d'écoute ni de parole qui y va, et que cette absence ne peut même pas être dénoncée ! Au point où l'on en est, dans certains milieux, il faudrait que le mot « psychanalyse » disparaisse, avec ce qu'il traîne. La seule chance qu'auraient les gens de faire le travail, ce serait sans le savoir, à simplement dire ce qui vient auprès de quelqu'un qui ne les en empêcherait pas [1].

L'immense mérite de Freud, et de la psychanalyse quand elle est à l'écoute, c'est d'avoir, littéralement, ouvert la porte. Sur quoi donne-t-elle ? Sur une discipline parmi d'autres ? Sur une forme de psychothérapie ? Ou sur une nouvelle secte ? Sur une méthode qui se prend, même le niant, pour une philosophie, une religion, ou ce qui les remplacerait ?

Je crois bien qu'elle ouvre sur un continent immense, méconnu, *qu'il ne faut surtout pas identifier* avec ce que des concepts, issus de la théorie analytique, permettrait de définir. C'est autrement plus vaste et redoutable. C'est le commencement d'un bouleversement dont nous ne savons pas ce qu'il sera parce qu'à travers la brèche qu'il fait dans nos évidences, il nous incite à reprendre tout et à « commencer autrement ».

---

1. « La psychanalyse, ça se fait quand on n'en parle pas » — réflexion de Robert Gessain.

Postface

Quand Robert Gessain est mort, il y eut, parmi ceux et celles qui le connaissaient, et dont je suis, d'étonnantes réactions, comme si c'était seulement son « enveloppe charnelle » qui se défaisait et que lui, dans ce qui le faisait lui-même, demeurait parmi les survivants.

Robert Gessain était psychanalyste; et strictement. Et pourtant d'une façon qui, à ce que je crois, n'était pas commune.

Il a fait moins parler de lui que beaucoup d'autres. Son œuvre n'est pas en livres; c'est en êtres humains enfin vivants.

Il était aussi ethnologue. Et pas seulement sur textes. Ou en observateur de l'objet humain. Il a été le proche de ces esquimaux qui lui étaient si chers; je crois même qu'on peut dire: l'un d'eux.

Le double grand voyage! Au-dedans et au-dehors.

Le travail de vérité en lui-même, il l'a sans aucun doute mené bien loin, puisqu'il entendait ce que d'autres oreilles, prétendument fort averties, n'entendaient pas.

Il était prodigieusement sans peur. Et du coup, tel que l'angoisse la plus emmurée pouvait, lui présent, écoutant, tourner en force et création. Il avait ce don, que je crois rarissime, d'entendre *positivement* ce qui sort de l'être humain, même ce qui est réputé le plus rare, le plus bizarre, le plus dangereux. Il écoutait toujours du côté où l'on peut vivre.

Il avait vécu l'exode hors de notre culture, de notre si chère « modernité ». Il voyait *d'ailleurs* ce qui nous est évidence. Et ce n'était plus évident du tout. Les « primitifs » avaient, à ses yeux, quelques siècles d'avance sur nous, pour ce qu'il en est du profond de l'homme.

Il voyait venir, littéralement, une fin du monde. La société où nous sommes lui paraissait courir vers l'intenable. Il était, pour nos délires communs, d'une implacabilité que je n'ai rencontrée nulle part ailleurs.

Et cette critique du monde que nous avons fait coïncidait en lui avec l'écoute de ce que nous n'entendons plus et avec une écoute prodigieuse des humains.

C'était un homme de cœur. Je ne sais pas si le mot « bonté » lui aurait plu ; en tout cas, il faudrait en ôter toute mièvre gentillesse. Car il était, à sa façon, tranchant et rude, étranger aux concessions. Aucune complicité. Parfaitement capable de chasser ceux qui seraient venus lui faire perdre son temps.

C'est là que j'ai compris cette chose capitale : l'amour dont l'homme a besoin, comme d'air ou de nourriture, cet amour n'est complice en l'homme de rien de ce qui est meurtrier de l'homme.

Il est donc intraitable. Cet amour qui ne juge pas est ressenti du fait même comme le seul jugement qui ne laisse plus place aux arrangements mortels.

« Je suis un homme simple », disait-il. Et, une autre fois : « La psychologie vraiment très profonde, c'est très simple. »

Il était d'un mépris parfait pour les jeux intellectuels, pour la prétention dissertante. Il me souhaitait de penser sans réfléchir, voire : de ne plus penser. Ennemi au plus haut point de l'encombrement !

Le vrai travail ne se fait pas « dans la tête ».

Il voyait avec tristesse, avec colère, la psychanalyse s'enfoncer dans les querelles d'école ; et de braves gens s'imaginer que leur participation à ces exercices faisaient d'eux des analystes, alors qu'ils ne l'étaient pas du tout.

Compagnon de route de Lacan, et de la même génération, il en connaissait les dons, mais aussi les limites qu'il savait marquer, à l'occasion, d'un trait net. Il était, à mon impression, un peu en marge du « milieu analytique ». Trop loin, sans doute, pour beaucoup. Probablement faisait-il peur.

Je pense qu'il habitait tout à fait cet espace qui n'est pas d'avance coupé par nos scissions établies. Tout lui était proche et tout était proche en lui. « Il n'y a qu'un chemin. » Il était très conscient que ce que nous nommons « psychanalyse » est le fait de l'Occident.

Ce qu'il faisait était psychanalyse — et quelque chose en plus. Mais ce plus n'était pas autre chose que l'analyse, je ne sais quel complément ou surcroît philosophique ou religieux. C'était dans le droit fil du grand travail de vérité. C'était aller plus loin sans faiblir, dans un dépouillement de tous les artifices, une allègre inconnaissance à donner le vertige à toutes ces intelligences qui se soutiennent de leur miroir et du débat entre collègues.

Dirai-je qu'il m'a encouragé ? Le mot serait ridiculement faible, et en même temps grossier. Je tremblais de frousse. J'avais, comme tout un chacun, à traverser. J'avais essayé la psychanalyse avec quelqu'un d'autre, connu et respectable, qui avait eu assez de bon sens pour s'apercevoir qu'il n'entendait rien et pour m'envoyer à Gessain. (Cette aventure n'est pas sans rapport avec ce que j'ai dit du « rien à entendre ».)

Ce que cet homme, Robert Gessain, rendait possible, c'était d'aller où l'on ne peut aller et de s'apercevoir, peu à peu, après coup, que là précisément était le chemin.

Il est vrai que s'avancer par là, c'est irréparable. On quitte les lieux communément habités. Tout ce qui s'appelle « la religion » ou « la philosophie » ou « la psychanalyse » elle-même — et tout le reste — commence à changer de nature. Un autre paysage s'annonce dans les lointains, un autre monde est en gésine. Même les « crises » et les « révolutions » appartiennent, tout entières, à ce qui s'éloigne.

Il n'y a plus de repos.

Je ne regrette pas.

Pourquoi parler ainsi de Robert Gessain et lui avoir dédié ce livre ?

Peut-être par une sorte de dette de reconnaissance — eh oui, pourquoi pas ? Autant que je sache, sa mort n'a pas été l'occasion de ces nécrologies tapageuses auxquelles d'autres ont eu droit. Si l'on a parlé de lui, c'est surtout comme ethnologue et comme ancien directeur du Musée de l'homme. La psychanalyse est restée dans l'ombre. C'est une place, il est vrai, qui convient assez à ce rôle-là. Mais je ne crois pas que mon très modeste témoignage lui fasse trop de lumière. Simplement, je devais le dire.

Je n'ai pas du tout la prétention, dans les pages qui précèdent, d'avoir « exposé sa pensée ». Il me semble même que le propos l'aurait fait rire. Mais il est bien certain que, sans lui, jamais je n'aurais pu les écrire. Il est vrai que cet homme n'a fait que m'écouter. Et pourtant, *c'est de lui que j'ai entendu* l'essentiel.

Voilà : ces deux phrases disent tout.

Peut-être m'aurait-il dit, lui qui aimait tant le simple et regrettait mes complications, que ces deux phrases suffisaient. Disons que tout le reste est là pour les donner à entendre.

Table

II ENTENDRE

Dans la même collection

Maurice Bellet, *L'écoute*.

Bruno Décoret, *Les pères dépossédés. Le père, l'enfant et le divorce*.

Charlotte Herfray, *La vieillesse. Une interprétation psychanalytique*.

Yolande Moyne-Larpin, *Musique pour renaître. Musique et musicothérapie pour adolescents et personnes âgées*.

Renée Sebag-Lanoë, *Mourir accompagné*.

Achevé d'imprimer le 6 septembre 1989
dans les ateliers de Normandie Impression à Alençon (Orne)
pour le compte des éditions Desclée de Brouwer.
Dépôt légal : septembre 1989.

Imprimé en France